供给侧改革视角下

北京公共文化服务有效供给研究

GONGJICE GAIGE SHIJIAO XIA BEIJING GONGGONG WENHUA FUWU YOUXIAO GONGJI YANJIU

蔡春霞 / 著

文化发展出版社
Cultural Development Press
·北京·

图书在版编目（CIP）数据

供给侧改革视角下北京公共文化服务有效供给研究 / 蔡春霞著. —— 北京：文化发展出版社，2023.12
ISBN 978-7-5142-4167-9

Ⅰ．①供… Ⅱ．①蔡… Ⅲ．①公共管理－文化工作－研究－北京 Ⅳ．①G127.1

中国国家版本馆CIP数据核字（2023）第212192号

供给侧改革视角下北京公共文化服务有效供给研究
蔡春霞　著

出 版 人：宋　娜	
责任编辑：杨　琪	责任校对：岳智勇
责任印制：邓辉明	封面设计：盟诺文化

出版发行：文化发展出版社（北京市翠微路2号 邮编：100036）
发行电话：010-88275993　　010-88275710
网　　址：www.wenhuafazhan.com
经　　销：全国新华书店
印　　刷：北京捷迅佳彩印刷有限公司

开　本：787mm×1092mm　1/16
字　数：168千字
印　张：8.75
版　次：2024年3月第1版
印　次：2024年3月第1次印刷

定　价：55.00元
ＩＳＢＮ：978-7-5142-4167-9

◆ 如有印装质量问题，请与我社印制部联系　电话：010-88275720

前　言

随着政府关于公共文化服务一系列政策的相继出台，构建公共文化数字化服务体系已经成为国家重要的文化战略。在供给侧改革背景下，如何提升公共文化服务的供给效率，更大程度地满足广大人民群众的文化需求，对增强国家文化软实力、坚定民族自信起着关键性作用。

本书聚焦于公共文化服务有效供给，以北京市公共文化服务的数据为例，在对北京公共文化服务现状进行梳理的基础上，使用因子分析方法对北京公共文化服务供给绩效进行了综合评价，并利用问卷调查法对北京居民的公共文化服务需求进行了调查，然后将供需端结合，通过供需耦合协调模型，对北京公共文化服务的供需耦合协调度进行了测度，最后针对以上研究内容对北京公共文化服务的有效供给提出了相关建议。本书研究过程中得到的相关结论如下。

第一，通过对北京公共文化服务供给绩效进行评价，发现：北京公共文化服务的财政保障力度虽然高于全国，但跟发达国家相比较，公共文化事业的财政投入比例还需进一步提升；北京公共文化服务基础设施投入增长较快，但人才队伍建设不足；北京公共文化服务设施产出快速增长，但公共文化活动产出不能完全满足人民日益增长的文化需求；北京公共文化服务的投入产出效率还有很大的提升空间。

第二，通过对北京居民的公共文化服务需求进行问卷调查，发现：北京公共文化服务投入仍然不足，并且城乡投入分布不均衡；目前提供的公共文化产品服务不能满足居民逐步升级的公共文化服务需求；居民的文化需求表达机制不畅；公共文化服务的宣传不到位；公共文化服务活动的信息获取渠道不畅。

第三，通过对北京公共文化服务的供需耦合协调度进行测度，结果显示：北京市公共文化服务体系的供需系统相互作用程度有好转趋势，但不明显；北京市公共文化服务系统属于供给滞后型；北京市公共文化服务体系的供需耦合协调度呈上升趋势，但目前是初级协调状态，需要持续提升北京公共文化服务的供需耦合协调程度，使供需系统在高水平上相互促进。

第四，在供给侧改革背景下对北京公共文化服务有效供给提出如下路径选择：技术赋能，精准把脉需求；效能导向，深化供给侧改革。为此需要转变政府职能，深化多元主体供给模式；完善文化立法，落实配套政策；夯实基础，优化资源配置，提升均等化水平；建立科学评价体系，引入多元主体全方位评价；协同融合，"一站式"公共数字文化资源的共建共享；注重实效，加强公共文化服务相关人才的培养；重视宣传，加强对公共文化服务供给的多渠道推广。

本书的研究结果可以使相关政府部门更好地摸清北京公共文化产品服务的需求和供给现状，以及供需耦合情况，在精准把握居民对北京公共文化服务需求的基础上，为北京公共文化服务主体提升供给效能、指导实践工作提供政策参考，也为其他地区的公共文化服务提升提供经验和借鉴。

书中内容有不足之处敬请专家和读者指正。

本书得到北京印刷学院北京文化产业与出版传媒研究基地资助。

蔡春霞
北京印刷学院
2023年10月

目录 CONTENTS

第 1 章　绪　论／001
　　1.1　研究背景／001
　　1.2　研究意义／004

第 2 章　研究现状／006
　　2.1　供给侧改革研究现状／006
　　2.2　公共文化服务供给绩效的研究现状／007
　　2.3　国内外研究现状的总结／010

第 3 章　公共文化服务的相关概念及理论／011
　　3.1　公关文化服务的相关概念／011
　　3.2　公共文化服务相关理论／014

第 4 章　北京公共文化服务体系的建设过程和现状／016
　　4.1　北京市公共文化服务体系的建设过程／016
　　4.2　北京市公共文化服务供给的组织实施／021
　　4.3　北京公共文化服务供给的现状／024

第 5 章　北京公共文化服务供给绩效研究／031
　　5.1　北京公共文化服务供给绩效综合评价／031
　　5.2　北京市公共图书馆供给绩效比较研究——基于省级和县级的比较／053

第 6 章 北京居民对公共文化服务的需求调查 / 070

6.1 北京公共文化服务需求现状调查 / 071
6.2 北京公共文化服务现存的问题总结 / 081
6.3 改善居民公共文化服务需求的有关建议 / 083

第 7 章 北京公共文化服务的供需耦合协调测度 / 086

7.1 数据来源和研究方法 / 086
7.2 北京公共文化服务的供需耦合协调测度 / 089
7.3 供需耦合协调测度特征和结果分析 / 090
7.4 北京公共文化服务发展的相关建议 / 091

第 8 章 公共文化服务供给的国际借鉴 / 093

8.1 美国公共文化服务供给的特点 / 093
8.2 美国公共图书馆家庭婴幼儿阅读服务的典型案例 / 096

第 9 章 北京公共文化服务有效供给的路径选择 / 099

9.1 技术赋能，精准把脉需求 / 099
9.2 效能导向，深化供给侧改革 / 101

第 10 章 总结和展望 / 112

10.1 总结 / 112
10.2 研究展望 / 114

参考文献 / 115

附录 调查问卷 / 123

第1章
绪　论

1.1　研究背景

新时代以来，人们对美好生活的需求和经济发展的不平衡不充分之间的矛盾已经成为我国社会的主要矛盾，人们已经不再满足物质生活的保障，其在精神文化方面的需求越发明显，而且经济社会的发展也需要我们建设公共文化服务体系为富强、民主、文明的现代化国家奠定坚实基础。所以党和政府高度重视，紧锣密鼓地出台了一系列公共文化服务政策，将现代化公共文化服务体系建设提高到战略层面。

从2005年10月党的十六届五中全会第一次提出"公共文化服务体系"概念开始，国家陆续出台了有关公共文化服务的一系列政策文件，2006年9月《国家"十一五"时期文化发展规划纲要》正式把逐步形成覆盖全社会的比较完备的公共文化服务体系纳入"十一五"的任务目标中。2007年党的十七大报告把"覆盖全社会的公共文化服务体系基本建成"列入实现全面建设小康社会目标的新要求。2008年党的十七届三中全会提出"到2020年实现城乡基本公共服务均等化明显推进的要求"。2012年7月国务院印发《国家基本公共服务体系"十二五"规划》，从公共文化服务体系的构建、公共文化产品和服务供给、城乡文化一体化发展、广泛开展群众性文化活动等方面对公共文化服务建设进行了规定；2013年《文化部"十二五"时期公共文化服务体系建设实施纲要》提出"到2015年，初步建立覆盖城乡、结构合理、功能健全、实用高效的公共文化服务体系"的建设目标。2013年通过的《中共中央关于全面深化改革若干重大问题的决定》，第一次明确提出"构建现代公共文化服务体系""促进基本公共文化服务标准化、均等化"。2013年还发布了《全国文化信息资源共享工程"十二五"规划纲要》，提出要努力实现优秀文化信息资源的全民共享。2015年《国家基本公共文化服务指导标准（2015—2020）》的发布，有利于相关部门对标准实施情况进行动态监测和绩效评价，加强督促检查。2015年《关于加快构建现代公共文化服务体系的实施意见》提出，到2020年基本建成覆盖城乡的现代化公共文化服务体系，完善服务质量监测体系，研究制定公众满意度指标，建立群众评价和反馈机制。

2016年12月25日审议通过了我国公共文化服务供给的第一部成文法《中华人民共和国公共文化服务保障法》，它对我国各级政府依法推进公共文化服务建设，提高文化治理能力现代化提供了法律依据，为公民依法获得基本公共文化服务提供了法律保障。2017年《国家"十三五"时期文化发展改革规划纲要》《"十三五"推进基本公共服务均等化规划》《文化部"十三五"时期文化发展改革规划》《文化部"十三五"公共数字文化建设规划》《关于推动数字文化产业创新发展的指导性意见》和《"十三五"时期繁荣群众文艺发展规划》等文件，对公共文化服务提出更具体的要求。2017年10月，党的十九大报告提出了"完善公共文化服务体系，深入实施文化惠民工程，丰富群众性文化活动"的顶层设计，明确公共数字化文化服务体系是公共文化服务体系的重要组成部分。2018年实施的《中华人民共和国图书馆法》对公共图书馆的设立、运行、服务标准做出了规定。《2018年全国基层文化队伍培训工作计划》《2019年全国基层文化和旅游公共服务队伍培训工作计划》《2019年文化和旅游志愿服务工作方案》的出台，进一步加强了基层的文化队伍建设，通过人才培养促进公共文化服务效能的提高。2019年《公共数字文化工程融合创新发展实施方案》的出台进一步推动了公共数字文化工程全面融合发展。2020年，党的十九届五中全会通过的《中共中央关于制定国民经济和社会发展第十四个五年规划和二〇三五年远景目标的建议》提出了两个数字化，推进公共文化数字化建设和实施文化产业数字化战略，这标志着文化数字化已上升为国家战略。2021年6月，文旅部发布的《"十四五"公共文化服务体系建设规划》明确提出加快推进公共文化服务体系建设，力争实现数字化、网络化、智能化发展，并将"推进城乡公共文化服务一体建设"放在主要任务的首位。2022年5月22日，中共中央办公厅、国务院办公厅印发的《关于推进实施国家文化数字化战略的意见》提出,"到"十四五"时期末,基本建成文化数字化基础设施和服务平台,形成线上线下融合互动、立体覆盖的文化服务供给体系。

随着政府关于公共文化服务一系列政策的相继出台,构建公共文化数字化服务体系已经成为国家重要的文化战略,它对于增强国家文化软实力、坚定民族自信起着关键性作用,为文化"走出去"战略、"一带一路"倡议的实施奠定了坚实的基础。它同时也是提升服务型政府文化治理的客观要求,还可以为文化产业的发展创造良好的制度环境、人才环境和社会环境。

供给侧结构性改革是本书的研究背景,加强供给侧结构性改革是习近平总书记于 2015 年 11 月主持召开中央财经领导小组第十一次会议时第一次提出,要求着力提高供给体系的质量和效率。供给侧结构性改革指的是以供给环节为出发点,通过优化调整经济社会中供需关系存在的矛盾点,促进生产要素的有效供给和利用,提高供给的质量和效率,提升经济增长的数量和质量。供给侧结构性改革是我国经济由高速增长阶段转向高质量发展阶段以适应消费升级的必然抉择,是引领经济发展新常态的革命性变革。在供给侧结构性改革背景下,2016 年 1 月"三去一降一补"的改革方案,要求在产品生产和供给端进行改革,创新供给方式,提高供给的质量,优化供给效率,从而扩大供给的有效性,提高供给结构对需求结构变化的适应性和灵活性。2017 年 10 月,党的十九大报告指出,要深化供给侧改革,把提高供给体系质量作为主攻方向,显著增强我国经济质量优势。习近平总书记在主持 2023 年 1 月的中央政治局第二次集体学习时再次强调,要搞好统筹扩大内需和深化供给侧结构性改革,形成需求牵引供给、供给创造需求的更高水平动态平衡,实现国民经济良性循环。

经济领域的供给侧改革开展得如火如荼,但是公共文化领域与经济领域还有很多不同,公共文化不仅体现在以有形物质为载体的公共文化设施,更多体现在公共文化服务精神层面的内在特征,有公益性、开放性等特点。公共文化领域的供给侧改革可以包括行政政策改革、财税制度改革、供给模式改革、供给主体改革、供给内容改革、供给资源建设改革等在内的所有领域的改革。本书的研究侧重在公共文化服务供给侧结构改革,也就是优化公共文化服务的资源配置结构,提高公共文化产品服务的供给效率，更大程度地满足广大人民群众的文化需求。

北京市在2012年的第十一次党代会提出了全市"公共文化和服务质量达到世界先进水平"的要求，在2016年的"十三五"规划纲要中提出了要加强首都全国文化中心建设，努力把北京建设成为社会主义文化强国的文化中心，充分发挥全国文化中心的示范表率作用，2020年4月《北京市推进全国文化中心建设中长期规划（2019年—2035年）》的出台为做好首都文化建设、引领首都文化建设谱写了北京新篇章。2023年1月1日实施的《北京市公共文化服务保障条例》也提出北京公共文化服务应当坚持以人民为中心的发展思想，传承中华优秀传统文化，坚持首善标准，突出北京特色。所以公共文化服务体系建设是北京市未来发展的重要内容。北京市目前的公共文化服务体系建设和投入情况虽然在全国名列前茅，但依然存在供需错位、发展不平衡、公共文化设施利用率低等问题，不能最大限度满足人民群众多样化、个性化的文化需求。所以本书的研究希望通过系统、翔实的文献和相关数据资料，对北京市公共文化服务的供需情况进行宏观把握，通过有关研究为提升和优化北京公共文化服务供给提供数据支持和对策建议，最终实现北京公共文化服务的有效供给，满足人民群众的文化需求，实现多元化、动态的公共文化服务的有效供给。

1.2　研究意义

（1）本书在对北京公共文化服务现状分析的基础上，通过构建公共文化服务供给绩效评价指标体系，再用相关统计分析方法对北京公共文化服务的供给绩效进行评价，有助于完善公共文化服务供给绩效的相关理论；通过问卷调查的方法从国家级、市级和区级三个不同层次和角度对北京居民的公共文化服务需求进行深入剖析，有助于更清晰地分析不同层次的公共文化服务需求状况，拓展公共文化服务需求数据资料的收集方式；在供需分析的基础上通过耦合协调测度对供需匹配情况进行综合分析，并进一步挖掘提升公共文化服务有效供给的相关因素，最终建立以需求为导向的公共文化服务有效供给的路径，此研究路径可以丰富公共文化服务有效供给的相关研究。

（2）本书的研究结果可以使相关政府部门更好地摸清北京公共文化服务的需求和供给现状，以及需求和供给耦合情况，并且知道如何精准地了解居民对北京公共文化服务的需求，在了解需求的基础上，为北京公共文化服务供给机构提升供给效能、指导实践工作提供具体方法和策略指导，从而发挥北京公共文化服务有效供给的引领和榜样作用，为其他地区的公共文化服务供给效能提升提供经验和借鉴，使公共文化服务体系为建设富强、民主、文明的现代化国家奠定坚实的文化基础，促进我国文化治理目标的实现。

第 2 章
研究现状

2.1 供给侧改革研究现状

国外对供给侧理论的研究可以追溯到 19 世纪初的"萨伊定律",萨伊认为"供给可以创造自身的需求",所以政府应该降低对市场的干预,市场会通过自我调节实现社会的总供给等于总需求的动态平衡。

随着 20 世纪 70 年代"滞胀"的出现,兴起了新的经济学流派,称之为供给经济学派,代表人物有芒德尔、罗伯茨、拉弗等人,他们认为供给决定经济增长,所以经济研究的首要任务是研究如何增加供给、促进生产,提出以全要素生产率的提高来促进经济增长,即在经济增长过程中,要充分利用劳动、资本、土地等生产要素,还要发挥制度红利、技术进步、人力资本等优势,它们对经济增长起到关键作用。

20 世纪 70 年代,美国经济学家芒德尔将供给侧理论应用到公共文化产品的改革中,美国经济学家查理在里根时代也应用了公共产品供给的改革策略,在撒切尔新政中,英国经济学家里恩也应用了公共产品供给的改革策略。

国内自党的十九大报告提出供给侧结构性改革后,学者们从供给侧结构性改革的内涵、任务、路径等方面开展了广泛的研究,随之也出现了新供给经济学学派,他们认为解决我国经济中长期结构不合理问题应该从经济发展的内因着手。贾康(2016)认为新供给经济学理论体系框架应是联系实际的创新,供给侧改革是问题导向下引领新常态、激活要素潜力的动力体系再造创新。滕泰(2013)在"新供给主义宣言"中提出,希望政府着眼于解决经济运行中的中长期问题,主张政府刺激新供给、创造新需求；支持政府推进经济自由化、产权民营化；限制政府支出，实行大规模减税；让资源充分流动，从而促进我国经济长期可持续高速增长。方福前（2017）探讨了供给侧结构性改革的理论源头，认为中国经济的供给侧结构性改革更重要的是制度体制或生产关系的调整，我国应该构建中国特色的社会主义供给理论。刘江宁（2020）认为扩大内需的主要路径是供给侧结构性改革，我们必须用新理念、新智慧、新方法转变经济增长的结构和方式，通过供给侧结构性改革使我国经济在国际经济竞争中占据主动地位。

随着对"供给侧结构性改革"研究的深入，学者们开始思考公共文化服务领域的供给侧改革。范周（2016）认为供非所需、效能低下是公共文化服务面临的供给问题，所以文化领域的供给侧改革要明确"供给侧"和"结构性"两个重点，通过需求升级引导文化领域的有效供给，从而弥补公共文化服务中的短板；葛红兵、许昳婷（2016）通过对上海市公共文化服务领域的调研提出公共文化服务要从基本的需求引导型公共文化建设向需求引导型和消费引导型相结合的"大都会公共文化供给机制"转型。纪东东、文立杰（2017）提出，实现当前我国公共文化服务体系供给侧结构性改革需要深化文化体制改革、调动社会力量、协同需求侧管理、实现"智慧供给"。董帅兵、邱星（2021）认为针对农村公共文化服务的主要矛盾，应通过农村公共文化供给改革，提高公共文化服务的治理水平，推动乡村文化振兴。徐望（2023）在供给侧改革背景下，具体讨论了博物馆美育产品与服务供给的优化路径。

2.2 公共文化服务供给绩效的研究现状

2.2.1 国外研究现状

公共文化服务多年来受到国内外专家和学者的高度关注，国外的相关研究起步较早，涉及的内容也比较广泛，鉴于本书的研究内容是公共文化产品的有效供给，所以这里主要介绍有关供给绩效的相关文献。国外学者对公共文化服务供给绩效从指标设计、绩效评估内容、绩效评估模型、绩效评估方法等各个方面都进行了分析研究，并产生日渐成熟的研究成果。

对于公共文化服务绩效评估指标体系设计的相关研究，威廉·邓恩（1981）认为应该从效益、效率、充足性、公平性、回应性和适应性六个方面对公共政策进行评价；Brudney等（1982）认为民意调查对公共服务绩效综合评价十分必要；Vedung（1997）从效能、产出和效率三个方面建立了政策评价模式；George Boyne（2002）认为公共服务的评估体系应该从体制管理、过程把控和效果三个维度进行评估；Kelly&Swindell（2002）的研究表明公众满意度调查有助于提高政府服务绩效；西奥多·H.波伊斯特（2005）从资源、产出、效率、生产力、效果、质量、效益、满意度八个维度建立了公共文化服务绩效评估指标体系；Lourdes Torres（2011）则从产出、效率、效果、质量、满意度五个维度对公共文化服务绩效进行了评估；Ragaigne（2011）认为应该把社会公众和政府互动结合起来评价公共文化服务效果。

对于公共文化服务绩效评估中所使用的模型，Yao Chen（2005）构建了DEA模型，对某一地区不同层级的图书馆进行了效率测评；Taboada（2010）通过建立微型评分模型分析了公共图书馆信息传递的绩效，并通过线性模型来解决图书馆的绩效优化问题。Economides（2014）用一般动态均衡模型研究公共物品供给问题，认为公共物品私人供给的效率未必比政府的低。

对于公共文化服务绩效评估方法，主要有问卷调查法、专家调查法、访谈法、描述统计法、层次分析法、主成分分析法、数据包络分析法、综合评价法等。Coll等（2007）把FDH（Free Disposal Hull）和DEA（Data Envelopment Analysis）两种方法结合起来评价政府服务的效率；Sampoio（2008）采用数据包络方法对欧洲和巴西的城市公共交通服务进行了效率分析；Witte等（2011）使用FDH方法评估公共产品供给效率；Anna Planas L（2011）通过问卷调查法，构建了绩效评价指标体系，分析评价指标在文化政策中的作用。White（2011）等就使用FDH方法对图书馆公共服务的绩效进行了衡量。Taheri（2013）运用数据包络分析方法对德黑兰区域博物馆的效率进行了评估，分析了不同因素在博物馆管理中的作用，帮助政策制定者理解其在公共文化服务方面的绩效表现。

2.2.2 国内研究现状

自 2005 年我国首次提出公共文化服务一词以来，学者们对公共文化服务的内涵、主体、供给模式、供给绩效、评价指标体系及均等化等问题进行了深入研究，这里只总结国内学者对公共文化产品服务供给绩效的相关研究内容。

关于公共文化服务供给绩效评价指标体系的研究，沈望舒（2007）从服务内容、社会需求度、服务效益、社会满意度、资源状态、科技含量、资金运用等方面提出了 10 大指标来衡量公共文化服务绩效；毛少莹等人（2007）从公共文化发展规模、政府投入情况、社会参与情况、运作机制、公众满意度五个维度建立了公共文化服务评级指标体系；蒋建梅（2008）建立的公共文化服务绩效评价指标体系包括文化对经济、社会发展的反作用总体指标、公共文化服务的有效供给指标和公共文化服务保障指标三个方面；孔进（2010）从公共文化投入、发展规模、公共文化活动三方面构建了评价指标；陈威（2010）从发展规模、政府投入、社会参与三大类共 42 个分项指标构建了公共文化服务体系建设统计指标体系；上海高校都市文化 E—研究院（2011）从投入、机构、活动、享受四个维度构建了 38 个指标形成公共文化服务指数体系，并对 2011 年全国 31 个省、自治区、直辖市公共文化服务指数进行了测量；傅利平、何勇军（2013）认为要从政府投入、总体效应、服务保障三方面构建公共文化服务供给绩效评价指标体系；包国宪等（2018）在新公共治理范式下从分析单位、绩效维度、公共价值三个方面论述了公共服务绩效评估的变化。

对于公共文化服务绩效评估中所使用的模型，彭国甫（2005）用 DEA 模型对湖南省 11 个地级州市政府的公共事业管理绩效进行了实证分析；陈昌盛（2007）也是用 DEA 方法评价了我国 31 省区市的公共服务相对效率；刘海英等（2011）采用三阶段 DEA 方法比较了中国城乡医疗卫生服务的效率；周艳、葛书学（2022）也用三阶段 DEA 方法对我国公共文化服务供给绩效进行了评价，并提出通过健全财政资金管理制度、加强数字平台建设等措施提高公共文化服务供给绩效；陈波（2014）通过构建主成分分析模型对公共文化服务绩效进行评估；胡税根和李幼芸（2015）用"投入—产出"模型对我国省级文化行政部门公共文化服务进行了绩效评估；高宝贵（2017）从基本公共文化服务设施供给、公共文化设施供给效果、公共文化服务供给、文化活动开展、文化活动开展效果五个维度构建了基于公众满意度的基本公共文化服务供给绩效测评模型。莫锦江（2018）基于"投入—产出"模型的分析，对全国 31 个省级行政单位的公共文化服务绩效进行了评估。

对于公共文化产品服务绩效评估所使用的方法，孙逊（2013）、盛禹正（2013）都是利用主成分分析法，对我国 31 个省（市、自治区）的公共文化服务绩效进行综合评价；马虹（2013）利用德尔菲法对政府投入、社会参与、规模和效率四个因素的权重进行了客观赋值，然后用层次分析法（AHP）对甘肃省 14 个州市的公共文化服务水平进行了综合评价和得分排名；傅利平等（2013）则用一个偏最小二乘通径模型，对我国公共文化服务水平 2007—2011 年的数据进行了量化分析；杨林和许敬轩（2013）采用 DEA 和 Tobit 两步法通过面板数据测算地方公共文化服务财政支出效率；周静（2017）用数据包络分析方法对我国 31 个省域公共图书馆的综合效率、规模效率及纯技术效率进行了绩效评价。

2.3 国内外研究现状的总结

国外学者对公共文化服务供给绩效的相关理论研究非常成熟，但是由于国家政治制度的差异，国外的研究成果不完全适用我国公共文化服务的实际情况，所以我国对于公共文化服务供给的研究还需结合国内实际情况，具体分析，因地制宜。

当前，国内学者在公共文化服务供给绩效研究方面也做了大量的工作，但是国内学者对于公共文化服务在供给侧改革方面的相关研究还在探索中，供给侧改革作为一个创新的角度，将其用来解决我国公共文化服务供给领域目前存在的问题，指导公共文化服务的有效供给，无论是理论上还是现实中都有待于进一步研究。

第 3 章
公共文化服务的相关概念及理论

3.1 公关文化服务的相关概念

3.1.1 公共文化服务

2017年3月1日实施的《中华人民共和国公共文化服务保障法》明确规定，公共文化服务是指由政府主导、社会力量参与，以满足公民基本文化需求为主要目的而提供的公共文化设施、文化产品、文化服务以及其他相关服务。公共文化服务是满足人民美好生活需要的重要举措。

从公共经济学和公共管理学的角度看，公共文化服务主要着眼于社会效益，不以营利为目的，为社会提供非排他性和非竞争性的公共文化产品和服务，所以提供公共文化产品和服务是政府基本公共服务职能在文化领域的明确体现。所以公共文化服务具有公益性、基本性、均等性、便利性的原则。

3.1.2 公共文化服务供给

在对公共文化服务清晰界定的基础上，来探讨公共文化服务供给。公共文化服务供给是指供给主体围绕公共文化服务展开的供给活动。其涉及的主要内容是谁来提供、供给什么内容、如何供给、供给的结果如何，也就是主要讨论供给主体、供给内容、供给方式及供给效率四个方面的内容。这里只阐述与供给主体和供给内容相关的内容。关于供给模式在前面公共文化服务概念中已经明确我国是政府主导型的供给模式。供给效率涉及公共文化服务有效供给的内容。

公共文化服务供给主体根据公共文化服务内容的不同而不同。《中华人民共和国公共文化服务保障法》第二十七条提出：各级人民政府应当充分利用公共文化设施，促进优秀公共文化产品的提供和传播，支持开展全民阅读、全民普法、全民健身、全民科普和艺术普及、优秀传统文化传承活动。也就是说，各级政府部门是基本公共文化服务供给的主体，这些公共文化服务通常属于纯公共文化产品或基本公共文化产品，如关系到国家文化信息安全、民族文化传承等的纯公共文化产品；而对于一些准公共文化产品，其内容具有不完全公共性，可以引入市场机制，协同非营利组织、企业、志愿者组织等社会力量参与其中发挥更好的功效和作用。该法第四十二条提出：国家鼓励和支持公民、法人和其他组织通过兴办实体、资助项目、赞助活动、提供设施、捐赠产品等方式，参与提供公共文化服务。这说明我国公共文化服务供给主体主要表现为各级政府部门、社会组织、企事业单位、公民等。

其中政府在公共文化服务供给过程中扮演主要角色、发挥核心作用。因为我国确立了以政府为主导，以公共财政为支撑的公共文化服务供给原则。政府作为基本公共文化服务供给的主体，通过出台公共文化服务供给的相关政策和财政拨款履行面向全国的基本公共文化服务供给职责。在政府的财政支持和政策保障下，我国基本建立起了以公共图书馆、博物馆为基础、群众性文化机构为依托，公共文化基础设施与服务并重的公共文化服务体系。

《中华人民共和国公共文化服务保障法》将公共文化服务的内容分为公共文化设施和公共文化服务两类。

《中华人民共和国公共文化服务保障法》第十四条还明确了公共文化设施是指用于提供公共文化服务的建筑物、场地和设备。主要包括图书馆、博物馆、文化馆（站）、美术馆、科技馆、纪念馆、体育场馆、工人文化宫、青少年宫、妇女儿童活动中心、老年人活动中心、乡镇（街道）和村（社区）基层综合性文化服务中心、农家（职工）书屋、公共阅报栏（屏）、广播电视播出传输覆盖设施、公共数字文化服务点等。

对于公共文化服务，根据提供的主体不同，提供的公共文化服务内容也有所差异。政府部门应该致力于促进优秀公共文化产品的提供和传播，如支持开展全民阅读、全民普法、全民健身、全民科普和艺术普及、优秀传统文化传承活动。《国家基本公共文化服务指导标准（2015—2020年）》将基本服务项目界定为读书看报、收听广播、观看电视、观赏电影、送地方戏、设施开放、文体活动七类。不同的公共文化服务主体提供的公共文化服务有所区别，如公益性文化单位应当创造条件向公众提供免费或者优惠的文艺演出、陈列展览、电影放映、广播电视节目收听收看、阅读服务、艺术培训等，并为公众开展文化活动提供支持和帮助；国家鼓励经营性文化单位提供免费或者优惠的公共文化产品和文化活动；基层综合性文化服务中心应当为公众提供书报阅读、影视观赏、戏曲表演、普法教育、艺术普及、科学普及、广播播送、互联网上网和群众性文化体育活动等公共文化服务。

3.1.3　公共文化服务有效供给

公共文化服务的有效供给，涉及供给效率问题，目前国内还没有统一的概念界定。陈端计（2003）在其博士论文中对有效供给的定义给出了界定："有效供给"是指供给能够出清、需求能够得到恰当满足、资源环境的承载能力能够得以充分考虑、政府的政策法规能够得到很好贯彻的包括产品与劳务供给、要素供给及供给效率在内的三位一体式全方位互动的可持续型供给。这一界定强调了可持续性和资源配置效率，并考虑到了市场的有效性。还有一些学者对公共文化服务的有效供给提出了自己的观点。秦宗财、方影（2017）认为，在了解居民文化需求的基础上，通过挖掘和创造公共文化服务亮点来优化公共文化服务供给；闫小斌、段小虎、贾守君等（2018）分析发现，供给驱动与需求导向相结合是超越结构性失衡、提升农村公共文化服务供给效能的有效选择；张贺（2019）认为实现公共文化服务的"精准供给"，需要与广大人民群众的需求相对接，并改变此前一定程度上存在的内容单一、供给缺乏弹性等问题。

总之，公共文化服务的有效供给应以了解居民的文化需求为前提，以此为基础通过供给侧的改革使供需衔接，最终实现公共文化服务的精准供给，并且随着居民文化需求的变化，不断调整公共文化服务供给，实现供需动态平衡。

3.2 公共文化服务相关理论

3.2.1 公共选择理论

20世纪60年代提出了公共选择理论，邓肯·布莱克（1958）认为，将公共选择理论运用于公共文化服务领域，就是积极引进市场机制和社会力量，采取政府和非政府机构合作的形式，提升公共文化服务的有效供给。公共选择理论主要研究如何通过制度安排解决公共物品的供给、需求和产量问题，因而该理论能指导政府如何才能更好地提供公共物品，强调市场机制在公共资源配置上的作用，引入竞争机制，打破政府的垄断地位，避免政府失灵、官员腐败而做出损害人民利益的行为。在这一思想的指导下，西方政府重新审视公共文化服务领域的政策，引入市场机制，实现政府与市场在公共文化服务领域的制衡，提高了服务质量和服务效率，完善了整个公共文化服务体系。除了竞争机制，该理论还强调顾客导向和实际效益。

3.2.2 新公共管理理论

在20世纪70年代西方国家经济滞胀的背景下，赫克谢尔、巴扎雷等人于20世纪80年代提出了新公共管理理念，将私立机构先进的管理机制引入政府公共部门，着力突出公共服务的社会化效益。新公共管理理论主张政府减少对市场的干预，在公共服务运作中充分引入市场竞争机制，发挥市场竞争的优越性，减小政府的规模和干预，从而提高公共服务的供给效率。所以，新公共管理理论主张将目标管理、绩效管理、战略管理等私营部门的管理方法运用到公共服务部门的管理之中，促使政府成为公共事务的促进者和管理者，而不是唯一提供者，从而提高公共管理的有效性。新公共管理理论还提出"顾客导向"理念，倡导政府站在"顾客的立场"做出决策，在公共文化服务供给时，必须明晰居民最实际的、最迫切的需求，根据"顾客导向"的原则，创新公共文化服务供给方式，切实满足公民的文化需求，督促政府努力提高公共服务的质量和效率。

3.2.3 新公共服务理论

"新公共服务"理论以美国著名的公共行政学家罗伯特·B.登哈特与珍妮·V.登哈特夫妇为代表，他们在《新公共服务：服务，而不是掌舵》一书中，总结了新公共服务是公共行政把公共服务、公民参与和民主治理放在中心地位的治理体系中所扮角色的一系列理论和思想。新公共服务强调公共服务以公民与社会为导向，政府全心全意服务于社会而不是对其进行控制，所以"对于国家公职人员而言，他们的重要职责是帮助社会公众表达利益需求，并尽力满足其需求，包括文化需求，而不是试图掌握社会发展的方向"。新公共服务理论强调公共利益、公共行政为公民服务的理念，它与建立在个人利益最大化理念基础上的新公共管理理论不同，新公共服务理论重视政府如何通过为公民服务实现民主社会中的公民权，它试图建立更加关注民主价值和公共利益的理论模式。

第4章
北京公共文化服务体系的建设过程和现状

4.1 北京市公共文化服务体系的建设过程

从北京公共文化服务体系发展的历史看,主要分为五个时期:新中国成立初期、改革开放时期、战略地位提升时期、全面深化时期和现代公共文化服务体系积极推进时期。

(1)新中国成立初期初步建立(1949—1977年)

新中国成立初期,我国的文化事业开始恢复,但它仅仅是计划经济体制下的文化政策,是新中国文化艺术事业发展的起步阶段,这一时期还没有公共文化。

20世纪50年代的北京,在经济快速发展的同时,兴建或改建了科教文卫体等一大批基础文化设施。这一时期采取文化包办模式,公共文化设施主要是由政府核拨经费,政府部门在恢复传统性文化设施,如博物馆、影剧院等的同时,还兴建了一些较新型的文化设施,如北京图书馆、首都剧场、北京展览馆、北京工人俱乐部等,1955年北京群众艺术馆成立后,北京形成了市(群众艺术馆)、区县(文化馆)、街乡(文化站)三级政府文化事业机构,到1960年北京共有城乡文化站102个。这时北京的文化设施建设较为集中,博物馆、纪念馆主要集聚在西城区,还有一些零星地分布在东城区,影剧院主要是散布在城区内,海淀区和朝阳区的公共文化设施如体育馆、图书馆等在这个阶段没有形成大规模的集聚,这些文化设施的兴建为公共文化的发展奠定了基础。这一时期的文化交流活动也在积极推进中，1957—1966年，北京共派出艺术表演团体出访34个国家和地区，派出演职人员1480人次，演出约800多场，现场观众230多万人次。

受当时经济发展总水平与社会生活水平的制约，北京的文化设施总供给严重不足，对外文化交流有限。

(2) 改革开放之后的发展变化（1978—2000年）

1978年十一届三中全会的召开使文化建设进入了新的发展阶段，首都北京作为全国文化中心的地位得以确立，文化中心的建设受到政府的高度重视，文化建设进入了快速发展时期，公共文化基础设施得到了巨大改善，文化活动日益丰富多彩。

改革开放不仅使人们的物质生活水平大幅度提高，也让人们在精神文化方面有了迫切需求，促使北京在这一时期对文化设施建设的投入快速增加，1978年北京市公共图书馆数量为18个（包含国家图书馆），到1979年博物馆的数量增加到38座，到1980年电影院的数量为156家，营业性演出场所有72处。随着公共文化设施的增加，北京的文化设施开始向周围扩散，1990年亚运会的召开、1999年新中国成立50周年庆典等大型活动促使亚运村建设、天安门广场整修、国家大剧院建设等重大文化体育设施工程的实施，使公共文化基础设施开始向城北地区偏移。文化设施增加的同时，文化演出的数量也在增加，8个市属艺术院团演出总场次为1992场，国内观众达294万人次。

党的十四大之后，我国的文化政策进入重要的战略调整期，"文化市场政策"等的相继出台，使文化事业单位的公益性服务职能逐渐减弱，纯公益性的文化事业单位数量锐减，文化馆、纪念馆、群艺馆、图书馆等公共设施大多挣扎在死亡线上，公共文化产品和服务的总量减少，公共文化服务水平跌至谷底。

到2000年末，北京图书馆数量为24个，博物馆数量为112家，40个文艺团体演出8564场次，北京有线广播电视网络用户增加到168万户。出版报纸247种，出版杂志2273种，出版图书54797种。

(3) 战略地位提升时期（2001—2011年）

21世纪我国迎来了重要的战略机遇期，迫切需要建设公共文化服务体系来化解经济社会发展中的不协调因素；需要增强文化软实力，通过公共文化服务体系满足人民群众日益增长的文化需求。党和政府对此予以高度重视，以一系列文件和领导讲话将公共文化体系建设提高到国家文化政策制定和文化制度安排的层面。

进入2000年，奥运会的筹备带动了北京公共文化设施和布局的一系列变化，这是北京公共文化体系优化、协调和全面发展的重要时期。2005年公共文化服务体系在《中共中央关于制定国民经济和社会发展第十一个五年规划的建议》中被正式提出，公共文化政策才随之产生。2005年12月北京市委明确提出发展文化创意产业，798艺术区成为首批认证的市级文化产业聚集区，到2010年已经有30个市级文化产业集聚区，这一时期北京在文化设施类型上更加丰富，分布上更加趋于均衡。从空间集聚的角度看，公共文化设施集聚范围随着北京的交通向外扩展而继续扩大。图书馆、文化馆主要聚集在西城区、东城区和海淀区，博物馆、展览馆主要集聚在朝阳区。并且每个城区根据自身的历史条件和现有的发展环境，进行文化功能定位，树立自己的文化品牌，打造各自城区的文化特色。这一阶段还出现了一些代表新时代文化特色的新兴的文化设施类型，如琉璃厂文化街等。

2002年北京市还启动了文化信息资源共享工程建设，旨在整合图书馆、博物馆、美术馆、艺术院团等现有的文化信息资源，形成线上文化信息资源共享的整体优势。北京市"十一五"期间共享工程专项经费累计投入超过1亿元，到"十一五"结束时，北京市已建设起了文化信息资源共享服务平台，覆盖全市16个区县共23个支中心，街道乡镇基层服务点共计318个，已经成为具有北京文化特色、进行网络文化服务的重要手段。

这一时期北京市文化局还推出"周末演出计划""文艺演出星火工程""百姓周末大舞台"等惠民演出，覆盖了北京所有城区与郊区，每年演出万余场，推动了群众文化活动的蓬勃发展。

这一时期《北京市"十一五"时期历史文化名城保护规划》《北京市"十一五"时期文化事业发展规划》《北京市"十一五"时期社会公共服务发展规划》等的相继发布，反映了北京市政府对文化建设的高度重视，要求加快文化事业发展，切实提高文化产品和服务的有效供给，促进首都文化繁荣。

2010 年，北京市文化局和信息中心共同启动了"北京市市、区、街乡、社区（村）四级文化中心（站）数据库"的建立工作。此次数据库的建设涉及到了各区县文委、首都图书馆、北京文化艺术活动中心等多个单位，"十一五"期间全市公共文化服务体系建设基础数据统计基本完成。

2011 年，北京文化局发布了"北京公共文化服务十大工程"。除了硬件提升外，还强调带动居民参与程度以及公共文化服务水平的提升。每三年一次，各公共文化服务机构将接受设施达标率、服务达标率、活动达标率、经费达标率、管理达标率五项考核。

到 2011 年末北京市共有公共图书馆 25 个，博物馆 159 座，全国重点文物保护单位 98 处，市级文物保护单位 255 处。有线电视注册用户达到 471.9 万户，入户率为 95.1%。118 家电影院共放映电影 97.3 万场，观众 3206.1 万人次。出版报纸 253 种，出版期刊 3065 种，出版图书 16.6 万种。

（4）全面深化时期（2012—2016 年）

党的"十八大"科学发展观指导思想的确立，意味着我国公共文化服务体系建设将面临全面深化。

"十八大"政府工作报告针对公共文化服务，提出"坚持面向基层、服务群众、加快推进重点文化惠民工程，加大对农村和欠发达地区文化建设的帮扶力度，继续推动公共文化服务设施向全社会免费公开"。将其置于科学发展观以人为本的指导思想下，意味着要求公共文化服务体系建设要充分重视公共文化在提高国民素质、促进公民理性精神构建中的重要作用。

2015 年是公共文化发展里程碑式的一年，国家层面密集印发了多项与公共文化服务建设相关的政策，有《关于加快构建现代公共文化服务体系的意见》《公共文化服务保障法草案（稿）》《关于推进基层综合性文化服务中心建设的指导意见》《关于做好政府向社会力量购买公共文化服务工作意见》以及十八届五中全会《"十三五"规划建议》等，对现代公共文化服务体系的建立创造了良好的政策环境。北京市在 2015 年率先推出了《北京市人民政府关于进一步加强基层公共文化建设的意见》《首都公共文化服务示范区创建方案》《北京市基层公共文化设施建设标准》和《北京市基层公共文化设施服务规范》"1+3"公共文化政策文件。它是北京市未来一个时期构建现代公共文化服务体系的顶层设计和全面部署，是北京基层公共文化建设的方向引领和行动指南，堪称"北京样本"。"1+3"文件明确提出区县、乡镇街道、村社区三级设施的规模、面积标准，构建北京"十五分钟文化服务圈"，要加快建立起均衡发展、供给丰富、服务高效、保障有力的公共文化服务体系。

在一系列政策的支持下，北京公共文化服务取得了新的进展，到2016年年末北京市共有公共图书馆25个，档案馆18个，博物馆177个，其中免费开放80个，群众艺术馆、文化馆20个，2016年演出市场总体经济规模469.22亿元。有线电视注册用户达到579.9万户，207家电影院，共放映电影228万场，观众6873.4万人次。

为了保障基层公共文化设施正常运营，市财政每年拨给每个区县设施维护运营费100万元；拨给每个社区行政村5000～15000元的文化活动经费，给每个街道乡镇5万～10万元文化活动经费，全力保障基层群众日常开展文化活动。

（5）现代公共文化服务体系积极推进时期（2017年至今）

2017年9月发布的《北京城市总体规划（2016—2035）》明确首都城市的战略定位是4个中心，即政治中心、文化中心、国际交往中心、科技创新中心，全国文化中心的重要内容是坚持现代公共文化服务体系建设；《北京市推进全国文化中心建设中长期规划（2019—2035）》也明确了文化中心一直是北京重要的首都功能，大力传承发展源远流长的古都文化、丰富厚重的红色文化、特色鲜明的京味文化、蓬勃兴起的创新文化，着力做好首都文化这篇大文章，发挥首都全国文化中心的示范作用。还有《北京市公共文化服务体系示范区建设中长期规划（2019年—2035年）》《北京市"十四五"时期加强全国文化中心建设规划》《北京市公共文化服务保障条例》等文件的相继出台，都将北京文化建设放在全局工作的突出位置，坚定信心做好首都文化这篇大文章，在建设社会主义文化强国中充分发挥示范带头作用。

截至2018年年底，全市已基本建成市、区、乡镇（街道）和行政村

（社区）四级公共文化服务网络，服务设施数量达7131个，覆盖率超过98%，基本形成"十五分钟文化服务圈"。全市共建有文化信息资源共享工程站点4295个，数字文化社区300个，北京市共享工程数据资源总量已达797TB，在数字文化社区高清交互平台发布的视频资源达1079.8GB、1410.2小时。北京已经成为全国网络视听文化中心以及重要的数字产业集聚区。仅2018年，北京市上线备案各类网络原创视听节目2300余部（档），辐射全国8亿多网民。

到2022年年末北京共有公共图书馆21个，线下总流通人次为854.2万人次；2022年图书馆拥有电子文本、图片文献资源4411.9TB，线上服务62894.3万人次，增长119.64%。国家档案馆18家，博物馆215家，共接待观众917.2万人次。群众艺术馆、文化馆18个，提供线下文化服务次数6.7万次，惠及738.9万人次，举办线上群众文化活动1438次，参加4521万人次，街道（乡镇）综合文化中心339个。有线电视实际用户610.1万户，292家电影院生产电影135部，放映电影262.9万场，观众2575.4万人次，报刊总量3514种，出版社240家，出版物发行单位10419家。此外，北京市曲剧团沉浸式曲剧《茶馆》、繁星戏剧村浸没式戏剧《画皮2677》等沉浸式戏剧场次同比增长55.7%，展现出北京演出市场创新动力。

随着人工智能、大数据、云计算等数字科技的蓬勃发展，数字化成为北京市公共文化发展的重要方向。数字文化企业在很大程度上推动了公共文化的数字化发展，《文化与科技蓝皮书：北京文化科技融合发展报告（2021—2022）》指出：2020年北京数字文娱独角兽企业数量共11家，在全国占比约为60%。2021年北京规模以上文化独角兽企业共42家，其营业收入占全市文化企业营业收入的比重为28.2%。规模以上核心数字文化企业实现营业收入11409.8亿元，拉动全市文化企业营业收入增长14.9%。

4.2 北京市公共文化服务供给的组织实施

2014年，国家出台《公共文化服务体系建设协调机制工作方案》，并由文化部牵头成立国家公共文化服务体系建设协调组，由文化部、中宣部、中央编办、中央文明办、发展改革委、教育部、科技部、财政部、人力资源和社会保障部等20个相关单位组成，协调组主要任务是负责全国公共文化服务体系建设重大事项的协商和部署，协调组办公室设在文化部，它标志着国家层面的公共文化服务协调机制正式运转。2016年，国家出台《中华人民共和国公共文化服务保障法》，明确规定由国务院建立公共文化服务综合协调机制，指导、协调和推动全国公共文化服务工作。国务院文化主管部门、新闻出版广电主管部门负责全国的公共文化服务工作；国务院其他有关部门在各自职责范围内负责相关公共文化服务工作。北京市遵照文化部组建公共文化服务体系建设协调小组的做法，在北京市深化文化体制改革和发展领导小组之下，由文化部门牵头，宣传、组织、编办、发改、财政、规划、土地、新闻广电、体育等相关部门共同参加，成立北京市公共文化服务体系建设协调小组，市领导担任协调小组组长。

公共文化服务涉及的服务内容广泛、服务对象是全体公民，服务主体是以政府为主的多个主体，所以在具体的实施过程中，涉及从中央到地方多个部门的统筹协调和协同合作，它们在公共文化服务体系中扮演着不同的角色、承担着不同的责任。

（1）公共文化司

公共文化司的主要职责是拟定社会文化事业发展规划和政策，起草有关法规草案；指导群众文化、少数民族文化、未成年人文化和老年文化工作；指导图书馆和文化馆（站）事业；指导文化信息资源共享工程建设和古籍保护工作；指导基层群众文化活动，指导村文化活动室和社区文化活动中心建设。

（2）文化和旅游部

文化和旅游部统筹规划文化事业发展，管理全国性重大文化活动，推进国家公共文化服务体系建设等，直属单位包括中国国家图书馆、中国国家博物馆、故宫博物院、中国国家话剧院、中国美术馆、文化和旅游部全国公共文化发展中心等，这些属于国家级的文化服务机构，由文化和旅游部主管。

(3) 北京市文化和旅游局及其他行政机构

北京市文化和旅游局及其他行政机构承担着上行下达的责任，将中央公共文化服务政策法规及措施及时传达给各文化事业部门及基层公共文化服务队伍，统筹规划本市的文化事业，指导重点及基层文化设施建设，推动北京公共文化服务体系建设等。如北京文化和旅游局管辖首都图书馆、北京文化艺术活动中心（北京群众艺术馆、北京市大型文化活动办公室、北京市文化志愿者服务中心）等，北京市文物局管辖首都博物馆、北京艺术博物馆、北京古代钱币博物馆、老舍纪念馆、北京奥运博物馆等。

(4) 各区文化和旅游局

各区文化和旅游局贯彻和落实国家和本市有关公共文化的法规、规则和政策；统筹规划本区的文化事业；管理本区重大文化活动，指导本区重点及基层文化设施建设；负责本区公共文化事业发展，推进公共文化服务体系建设等。如西城区文化和旅游局管辖西城区第一图书馆、西城区第二图书馆、西城区第一文化馆、西城区第二文化馆、宣南博物馆等。

(5) 乡镇综合文化站

乡镇综合文化站是政府举办的提供公共文化服务、指导基层文化工作和协助管理农村文化市场的公益性事业单位，是集书报刊阅读、宣传教育、文艺娱乐、科普培训、信息服务、体育健身等各类文化活动于一身，服务当地农村群众的综合性公共文化服务机构。

(6) 社区、街道文化活动中心

社区、街道文化活动中心一般是在社区（街道）党工委、街道办事处的领导下，以广大人民群众为参与主体的文化机构，下设文化活动部、基层工作部、社区教育部、图书馆等。社区、街道是公共文化服务体系建设的基本主体，是公益性、综合性较强的文化事业组织，它既是丰富居民文化生活的重要文化阵地，也担负着提升居民文化素养、弘扬社会主义核心价值观、建设和谐社会的重要使命。社区、街道文化活动中心拥有自己的特殊文化服务团队，负责公共文化服务的宣传和落实。

(7) 非政府组织

非政府组织是政府组织的补充，包括专业协会、商会、体育组织、慈善机构、民间基金等，是不以营利为目的开展公益性社会服务活动的自治型社会组织。非政府组织不但可以弥补政府力量的不足，还可以提供多样化的公共文化服务，提高公共文化服务的效率与质量。随着公共文化体系建设的不断深入，它将起到越来越重要的作用。

从北京市公共文化服务的组织实施可以看出，北京市公共文化服务供给属于政府主导型的公共文化服务供给模式，政府不但出台了关于公共文化服务的各种政策和制度，还要为公共文化服务提供财政支持。但是政府主导的公共文化服务供给会存在各职能部门各自为政，资源浪费的问题，如广电部门负责农村广播电视村村通工程，文化和旅游部门负责文化信息资源共享工程，会造成资源重复建设导致的浪费问题；还会涉及多个职能部门之间的交叉管理和统筹协调，如乡镇政府负责乡镇文化站的管理，县图书馆负责乡镇文化站的业务管理，所以，县图书馆和乡镇政府之间存在对乡镇文化站的管理协调和沟通问题，对公共文化机构的多头管理显然会影响政府文化机构的运行效率。

4.3　北京公共文化服务供给的现状

北京作为全国的政治文化中心，其公共文化服务体系建设在全国具有标杆性的引领作用。近年来北京市委、市政府高度重视公共文化服务建设，明确首都城市战略地位，不断完善北京市的文化发展布局，大胆实践、积极探索，已经取得了显著成效，北京的公共文化投入加速化、公共文化设施便利化、公共文化服务数字化、公共文化人才队伍规范化、服务内容品质化、服务政策体系化、公共文化活动日益丰富化和均等化，北京通过公共文化服务的高质量发展，不断增强市民的文化获得感和幸福感，北京现代化公共文化服务体系建设不断迈向新高度。

1. 公共文化投入加速化

与我国其他省市相比，北京市对公共文化的财政投入力度较大。2000—2020年，北京公共文化投入总量年均增长17.30%，2022年，北京市文化和旅游、文物部门所属机构的文化事业费用合计为66.7亿元，增长2.3%，人均文化旅游事业费用达到305.3元，是同期全国人均水平（85.2元）的三倍多，是1980年人均文化事业费用（1.29元）的236倍。

2018—2022年，北京市文化旅游体育与传媒支出均保持在220亿元以上，占一般公共预算支出的3.1%以上。2023年，北京市发布的《2023年市政府工作报告重点任务清单》提出要扎实推进全国文化中心建设，增强大国首都文化软实力。所以会持续增加财政支持力度，依托"一城三带"打造特色鲜明的"博物馆之城"，深入挖掘北大红楼、抗战馆、香山革命纪念地三大红色文化主题片区的资源，加强对北京历史文化核心价值的发掘，加大对中轴线文化遗产保护支持力度，完成"三山五园"国家文物保护利用示范区建设，鼓励扶持演艺新空间、文艺院团发展，大力推进公共文化数字化建设，加快建设数字文化场景建设等，不断为群众扩大优质文化供给。

2. 公共文化设施便利化

北京已建成市、区、乡镇（街道）和行政村（社区）四级公共文化服务体系，全市目前有四级公共文化设施7110个，图书馆室6135个，室外文化广场5616个，街道（乡镇）综合文化中心339个，社区村综合文化室有6560个，24小时自助图书馆、借还书机等200余个，"十五分钟公共文化服务圈"基本建成，各级公共文化设施向市民免费开放时间每周不少于56小时。居民享受公共文化设施的便捷度大幅提升。

全市建有首都图书馆和北京文化艺术活动中心（北京群众艺术馆）两座市级公共文化设施，街乡综合文化中心实现建有率100%，按照北京市公共文化设施建设标准，即乡镇综合文化中心不低于1200平方米，街道综合文化中心不低于800平方米的要求，达标率超过96%。全市共有公共图书馆21个，群众艺术馆、文化馆18个，备案博物馆215家，国家档案馆18家，备案营业性演出场所197个，电影院292家。北京市还积极引入社会力量参与公共文化设施建设和服务，目前有266家公共文化设施采取社会化专业化运营，如海淀区北部文化中心、西城区砖读空间、东城区景山街道市民文化中心和石景山区9个街道综合文化中心等，公共文化设施体系为人们提供了丰富的活动空间和便捷的文化服务。

户外大型文化广场和社区文体活动场所是公共文化活动的重要载体。

目前全市各区县至少都建成一个1000平方米以上户外文化广场，《2022年北京市体育场地主要指标数据公报》显示，2022年北京市体育场地4.28万个，北京人均体育场地设施面积达到了人均2.9平方米，比2018年增加了0.65平方米，全民健身场地设施资源不断丰富，100%的街道（乡镇）、行政村和有条件的社区均建有体育设施；2022年全市开展全民健身赛事活动6135项次，参与人数达1414万人次。

3. 公共文化服务数字化

随着5G、云计算、人工智能、区块链、元宇宙等数字技术的逐步完善，北京不断推进公共文化服务的数字化、智慧化，北京的数字公共文化建设迅速崛起，2019年文化和旅游部全面开展公共数字文化工程融合工作，将原来的全国文化信息资源共享工程、数字图书馆推广工程、公共电子阅览室建设计划三项惠民工程，统一纳入公共数字文化工程建设。

2019年2月北京文化馆上线北京数字文化馆，北京数字文化馆平台汇集了全民艺术普及视频资源、才艺云课堂、微视频、直播等各类数字资源5万多种，资源总量已经达到6.24TB。数字图书馆、数字文化馆、数字科技馆、文化云等公共数字文化服务平台的不断开放使得公共数字文化服务集群不断扩大，给公众提供了海量的数字文化资源满足其公共文化服务需求。

以首都图书馆为龙头的公共图书馆服务体系通过整合知网、超星、万方、维普期刊等信息资源数据库，为公众打造了海量的数字图书资源，据首都图书馆2021年年报数据显示，截至2021年年底，首都图书馆数字资源达630.9TB，资源使用量3532.4万次。各区图书馆也通过网站、微信公众号、App、掌上图书馆、自助图书馆、手持阅读器、解屏读报、畅听阅读等推出丰富的数字资源，如截至2021年年底，通州区的数字资源数量最多达492TB，公共图书馆体系丰富的数字资源使读者感受多样化的数字阅读体验。

北京市目前有9个区已上线"文化云"服务平台，这些"文化云"数字文化服务平台多数都统筹了区域内文化馆、图书馆、博物馆、美术馆、社区文化中心等各方资源，提供了大量的电子图书、视频、音频、演出、培训、展览、讲座、晚会等丰富的文化资源和信息，还形成了网站、微博、微信公众号、App、有线电视、快手、抖音、头条号、央视频号等多媒体服务矩阵，对公共文化云进行宣传，满足群众的文化需求。

各级公共文化机构也在积极探索数字艺术、沉浸式体验等新型文化业态在公共文化场馆的应用，创新文化馆互动体验等新型文化服务方式，积极拓展公共文化服务数字化、智能化应用场景，以丰富居民的文化体验。

4. 公共文化活动日益丰富化、均等化

北京市统筹四级公共文化服务机构资源，推出线上线下日益丰富多彩的公共文化活动。2022年北京市201家场所共举办演出20315场，观众人数374.3万人次，2022年共有807个演出团体及个人在北京开展营业性演出。其中，北京本地演出团体最多，共有594个，共演出19041场。2022年北京市13家市属院团线下共演出4505场次，国内演出观众124万人次。2022年市属院团全年线上演出1120场次，增长58%，线上演出观众1.4亿人次。建立了公共图书、文化活动、公益演出三个配送体系，希望以基层为公共文化服务重点领域，将各类文化资源纳入全市公共文化配送网络之中，实现文化资源的共建共享，保障居民平等、便利、均衡地享受公共文化服务。

对于公共图书馆配送服务，北京已构建起以首都图书馆为龙头馆和中心馆，区图书馆为总馆，街乡图书馆为分馆，社村图书室为基层服务点的公共图书馆总分馆制体系。首都图书馆通过送图书下基层、流动图书车服务、通借通还，以及为盲人、老年人、来京务工人员等开展送书上门服务，积极推动公共图书服务的均等化，以更好地实现图书资源的共建共享，2002年启动的"北京市公共图书馆计算机信息服务网络"工程，服务网络规模已经覆盖北京市16个区的423家"通借通还"成员图书馆。2022年8月30日，首都图书馆推出了"阅享京彩"网借服务平台，为全市读者提供图书快递服务，它打破了图书馆馆舍空间、开放时间、辐射范围等因素的限制，缩小不同区域群众享有基本公共文化服务的差距，提升公共服务均等化水平。

对于文化活动，《中华人民共和国公共文化服务保障法》要求围绕"五个全民"即全民阅读、全民普法、全民健身、全民科普和全民艺术普及，传承优秀传统文化，提供和传播优秀公共文化产品。北京市积极响应，开展了多种文化配送服务。"周末场演出计划""文艺演出星火工程""百姓周末大舞台"三大惠民演出覆盖北京所有城区，每年演出万余场。2014年起，通过歌唱北京、戏聚北京、舞动北京、艺韵北京、影像北京、阅读北京共六大板块活动，举办贯穿全年、覆盖全市的首都市民系列文化活动，形成市、区、街乡、社区村四级文化品牌活动联动机制，年均举办各类文化活动不少于2万场次；构建市级惠民文化活动、市级示范引领创新活动、传统民俗节日文化活动、现代节庆日文化活动、文化主题活动日等五大系列，覆盖全年、全市和全民。如首都公共文化惠民品牌"首都市民音乐厅"于2016年推出，近年来，"首都市民音乐厅"打破固有观念，把交响乐送进部队企业、村镇社区、车间矿场、大学校园等，让越来越多的基层群众享受到了文化惠民政策。各区也积极开展公共文化服务配送活动，为辖区居民提高公平、可持续的公共文化服务。如门头沟区以"五化"（"多元化"配送内容体系、"精准化"配送时效、"社会化"力量参与、"数字化"配送平台、"标准化"配送流程）模式建立的"公共文化服务配送机制建设"，被授予"国家公共文化服务体系示范项目"称号。西城区文化馆通过与多家殿堂级文艺团体合作，开展西城区"订单式"文化服务下基层活动。海淀区文化馆通过总分管制把优质公共文化服务延伸到基层，满足基层群众的文化需求。

为了让公共文化活动惠及更多居民，北京市于2012年4月推出了"北京市惠民低价票补贴政策"，北京市文化局对国家大剧院、首都剧场等有代表性的15个剧场先行试点低价补贴工作，低价补贴政策一方面降低了票价，让更多低收入家庭走进了剧场；另一方面北京各大剧院的平均上座率提高，使演出市场逐渐繁荣，实践效果得到各界好评，2015年底北京市文化局重新修订《北京市惠民低价票演出补贴项目管理办法》，提高了低价票补贴的效率，该项目已成为"北京市创新文化惠民常态化品牌项目"。截至2021年底，累计补贴了本市300家歌剧院，累计补贴低价票演出12000场，补贴低价票1150万余张，受益观众达986万余人次。

大量公共文化活动的开展也打造出了一批文化活动品牌，如众所周知的北京国际音乐节、北京国际电影节、北京国际图书节、北京国际文化创意产业博览会、国际旅游节、京剧文化之旅等。通过举办以小剧场题材、少儿题材、原创题材等为主题的精品剧目展演，形成"北京故事"优秀小剧场剧目展演、"春苗行动"、"北京金秋优秀剧目展演"等文化品牌。

5. 公共文化人才队伍规范化

北京市文化馆开发了"北京市文化旅游志愿者"服务平台，实名招募了 4.75 万名文化志愿者，基本实现了经常化储备、规范化管理、常态化服务、品牌化培育和项目化配置。全市还有常年活跃于基层的群众文化团队达 1.7 万支，参与人员近 50 万人，这些志愿者是首都公共文化服务机构的重要力量和有力补充。

北京市文化志愿者服务中心在中华人民共和国成立 70 周年庆祝活动期间，组织全市 38 个站点 6000 名文化志愿者，10981 人次 62570 小时，服务 48.4 万群众；建党百年庆祝活动期间，组织全市 49 个站点 4708 名文化志愿者，服务 26.26 万群众；2022 年北京冬奥会、冬残奥会期间，组织全市 16 个冬奥文化广场站点 1195 名文化志愿者，服务 96.19 万群众。

2020 年疫情期间，北京文化志愿者们开展了多种多样的线上服务，如线上基础培训、手语沙龙、书评征集、法律直播大课堂、云诵读等志愿服务。北京的文化志愿者队伍中还有一支由百余位艺术专家、讲师文化志愿者组成的专家队伍，他们通过"北京数字文化馆"平台推出线上直录播课程、线上慕课，以及全民艺术普及教学视频等。公共图书馆的文化志愿者开展了包括"品阅书香""心阅书香""互阅书香""法韵书香"等丰富的文化志愿服务内容。志愿服务拓宽了群众参与文化服务的渠道，推动了公共文化服务的公益性、均等性。

6. 公共文化服务内容品质化

北京的公共文化服务越来越注重提质改造，目前朝阳区、东城区、海淀区、石景山区已成功创建国家公共文化服务体系示范区，石景山、大兴区、丰台区、通州区和房山区都获得了首都公共文化服务体系示范区称号，延庆区、怀柔区、平谷区、昌平区、门头沟区 5 区成功创建国家全域旅游示范区。公共文化服务体系示范区的建设推动了公共文化服务内容的品质化。

各区的公共文化示范区建设带动效应明显，北京各个地区依托各区的资源优势和发展特色，深入挖掘区域文化资源，在公共文化服务发展的过程中逐渐形成了自己的文化品牌和特色，东城区形成"文化东城"品牌，西城区加强"四个西城"（记忆西城、书香西城、艺术西城、时尚西城）建设，朝阳区积极打造艺术之城建设，海淀区保护和发展"三山五园"地区的历史文脉，丰台区发展戏曲文化，石景山区打造数字娱乐产业集群，房山区发展祖源文化，通州区挖掘开发运河文化，顺义区培育会展品牌，昌平区建设未来文化城，大兴区建设"中国设计瑰谷"，平谷区建设"中国乐谷"，怀柔区发展影视文化，延庆区发展冰雪文化，门头沟区、密云区借助良好的生态环境及丰富的文物资源发展文化旅游休闲，北京经济技术开发区建设"文化智谷"，推动全市文化建设形成百花齐放、交相辉映的发展局面。

各区以文润城，推动文化资源要素集聚，构筑城市文化新空间，打造了一批文化事业产业融合发展示范园区。如首钢文化园、798艺术区、亮马河国际风情水岸、朗园、星光影视园等一批特色鲜明的文化产业园区，它们正在成为社会主义先进文化的传播地、文化科技融合的创新地、优质文化企业的集聚地、市民文化消费的打卡地。还有一批有影响力的城市文化空间和北京网红打卡地，如耕读空间、史家胡同博物馆、角楼图书馆、PAGEONE北京坊等，社会各界越来越重视人们可从中获得良好的温暖体验和情感共鸣，充分展现首都公共文化的独特魅力，促进北京公共文化服务的高质量创新发展，提升公共文化服务效能。

7. 公共文化服务政策体系化

2015年"1+3"公共文化政策的出台，为北京公共文化服务建设提供了方向引领和行动指南；为了促进北京公共文化服务的高质量发展，北京市相关政府部门发布了一系列政策、法规，2017年北京市出台《关于加快推进公共文化服务体系示范区建设的意见》，2020年4月发布了《北京市推进全国文化中心建设中长期规划（2019年—2035年）》，2021年通过了《北京历史文化名城保护条例》，2022年5月，发布了《北京中轴线文化遗产保护条例》；为了鼓励社会力量参与公共文化服务体系建设，2014年北京市出台了《北京市关于政府向社会力量购买服务的实施意见》及配套文件；为首都志愿队伍建设服务，北京市出台了《北京市志愿服务促进条例》《北京市志愿者管理办法》《2019年文化和旅游志愿服务工作方案》；2023年1月1日《北京市公共文化服务保障条例》的正式实施，为构建北京市现代公共文化服务体系提供了强有力的法制保障。北京市相关政府部门通过一系列政策、法规，不断优化顶层设计，着力做好首都文化这篇大文章，推进北京完备、便捷、高效、优质的现代公共文化服务体系的建设。

第 5 章
北京公共文化服务供给绩效研究

5.1 北京公共文化服务供给绩效综合评价

5.1.1 指标体系的构建和选择

对于公共文化服务供给绩效的有效评价，其关键性前提是科学合理地构建其指标体系。本书依据指标体系构建的系统性原则、可测性原则、客观可实现原则，在"投入—产出"理论模型的基础上，根据"十三五"推进基本公共服务均等化规划、国家基本公共文化服务指导标准、中国统计年鉴、中国文化文物统计年鉴以及参考相关学者的研究成果和国内实践的相关评估指标后，从投入要素和产出要素两个维度初步设计了北京市公共文化服务供给绩效的指标体系，见表5-1。对于公共文化投入要素从人力、财力、物力三个角度考虑，设计了财政投入、设施投入和人力资源投入三个维度。因为公共文化投入的结果主要表现为公共文化设施的投入以及公共文化活动的组织，所以产出要素设计了公共文化设施产出、公共文化活动产出以及这些设施和活动的公众参与三个维度，并根据不同维度的指标设计了相应的具体指标。

表 5-1　北京公共文化服务供给绩效指标体系初步构建

总体目标	一级指标	二级指标	三级指标
北京市公共文化服务供给绩效评价	A1 公共文化投入要素	B1 公共文化财政投入	C1 人均文化费用支出（元）
			C2 文化事业费用占财政支出比重（%）
			C3 文化事业基建实际完成投资额（万元）
			C4 公共图书馆财政拨款
			C5 群众文化机构财政拨款
			C6 博物馆财政拨款
			C7 艺术表演团体财政拨款
		B2 公共文化设施投入	C8 人均拥有公共图书馆建筑面积（平方米）
			C9 每万人拥有群众文化设施建筑面积（平方米）
			C10 每万人拥有艺术表演团体建筑面积（平方米）
			C11 每万人拥有博物馆建筑面积（平方米）
			C12 每万人拥有的公共图书馆数量（个）
			C13 每万人拥有的群众文化机构数量（个）
			C14 每万人拥有的博物馆数量（个）
			C15 每万人拥有的艺术表演团体机构数（个）
		B3 公共文化人力资源投入	C16 每万人中公共图书馆从业人员数量（人）
			C17 每万人中群众文化机构从业人员数量（人）
			C18 每万人中博物馆从业人员数量（人）
			C19 每万人中艺术表演团体从业人员数量（人）
	A2 公共文化产出要素	B4 公共文化设施产出	C20 人均拥有公共图书馆藏量（册/人）
			C21 每万人拥有公共图书馆阅览室座席数（个）
			C22 每万人拥有博物馆文物藏品数（册）
			C23 艺术表演团体人均演出收入（元/人）
			C24 群众艺术馆/文化馆藏书（千册）

续表

总体目标	一级指标	二级指标	三级指标
北京市公共文化服务供给绩效评价	A2 公共文化产出要素	B4 公共文化设施产出	C25 公共图书馆人均购书费（元/人）
			C26 艺术表演场馆座席数（个）
		B5 公共文化活动产出	C27 公共图书馆为读者举办活动次数（次/万人）
			C28 群众文化机构组织文艺活动次数（次/万人）
			C29 博物馆举办展览次数（次/万人）
			C30 艺术表演团体国内演出场次（次/万人）
			C31 群众文化机构举办训练班次（次）
			C32 公共图书馆举办展览次数（次）
			C33 公共图书馆组织各类讲座次数（次）
		B6 公众参与	C34 公共图书馆人均流通人次（次/人）
			C35 博物馆人均参观人次（次/人）
			C36 群众文化机构人均培训人次（次/人）
			C37 艺术表演团体演出人均观众人次（次/人）
			C38 公共图书馆外借文献人均次数（次/人）
			C39 公共图书馆人均参加展览人次（次/万人）
			C40 公共图书馆人均参加讲座人次（次/万人）

注：群众文化机构包括群众艺术馆、文化馆及文化站。

表 5-1 中的指标体系在实际应用过程中还存在合理性及有效性等问题，如指标数据的可得性、指标数量过多不适合用因子分析方法、评价指标之间可能存在信息重复收集问题、个别指标对评价目标的辨识度不强等。所以本书首先对相关专家进行咨询，充分讨论了表 5-1 中的指标体系，对于数据的可得性，部分专家提出如公共图书馆的财政拨款、群众文化机构财政拨款、艺术表演团体财政拨款、博物馆财政拨款等数据在更早年份可能存在数据收集困难问题；还有些指标存在辨识度不高问题，如公共文化设施投入维度中，每万人拥有的公共文化设施数量指标因为数量本

身变化不大可能存在辨识度不高问题；还有指标信息重复问题，公共文化活动产出中公共图书馆为读者举办活动次数就包括了公共图书馆举办各类讲座次数等。在充分考虑了专家建议后，对表 5-1 的指标体系进行了修正和完善，形成了表 5-2 的指标体系。

表 5-2　北京公共文化服务供给绩效指标体系的修正

总体目标	一级指标	二级指标	三级指标
北京市公共文化服务供给绩效评价	A1 公共文化投入要素	B1 公共文化财政投入	C1 人均文化费用支出（元）
			C2 文化事业费用占财政支出比重（%）
			C3 文化事业基建实际完成投资额（万元）
		B2 公共文化设施投入	C4 人均拥有公共图书馆建筑面积（平方米）
			C5 每万人拥有群众文化设施建筑面积（平方米）
			C6 每万人拥有艺术表演团体建筑面积（平方米）
			C7 每万人拥有博物馆建筑面积（平方米）
		B3 公共文化人力资源投入	C8 每万人中公共图书馆从业人员数量（人）
			C9 每万人中群众文化机构从业人员数量（人）
			C10 每万人中博物馆从业人员数量（人）
			C11 每万人中艺术表演团体从业人员数量（人）
	A2 公共文化产出要素	B4 公共文化设施产出	C12 人均拥有公共图书馆藏量（册/人）
			C13 每万人拥有公共图书馆阅览室座席数（个）
			C14 每万人拥有博物馆文物藏品数（册）
			C15 艺术表演团体人均演出收入（元/人）
			C16 群众艺术馆/文化馆藏书（千册）
			C17 公共图书馆人均购书费（元/人）
		B5 公共文化活动产出	C18 公共图书馆为读者举办活动次数（次/万人）
			C19 群众文化机构组织文艺活动次数（次/万人）
			C20 博物馆举办展览次数（次/万人）
			C21 艺术表演团体国内演出场次（次/万人）
			C22 群众文化机构举办训练班次（次）

续表

总体目标	一级指标	二级指标	三级指标
北京市公共文化服务供给绩效评价	A2 公共文化产出要素	B6 公众参与	C23 公共图书馆人均流通人次（次/人）
			C24 博物馆人均参观人次（次/人）
			C25 群众文化机构人均培训人次（次/人）
			C26 艺术表演团体演出人均观众人次（次/人）
			C39 公共图书馆外借文献人均次数（次/万人）

在表 5-2 的基础上，考虑到某些指标之间可能存在信息重叠问题，即相关性很强，所以本书通过 SPSS 计算了相关指标之间的相关系数，剔除了存在高度相关的指标，最终得到表 5-3 的最终公共文化服务供给绩效指标体系。

表 5-3 北京公共文化服务供给绩效指标体系

总体目标	一级指标	二级指标	三级指标
北京市公共文化服务供给绩效评价	A1 公共文化投入要素	B1 公共文化财政投入	C1 人均文化费用支出（元）
			C2 文化事业费用占财政支出比重（%）
		B2 公共文化设施投入	C3 人均拥有公共图书馆建筑面积（平方米）
			C4 每万人拥有群众文化设施建筑面积（平方米）
			C5 每万人拥有艺术表演团体建筑面积（平方米）
			C6 每万人拥有博物馆建筑面积（平方米）
		B3 公共文化人力资源投入	C7 每万人中公共图书馆从业人员数量（人）
			C8 每万人中群众文化机构从业人员数量（人）
			C9 每万人中博物馆从业人员数量（人）
			C10 每万人中艺术表演团体从业人员数量（人）
	A2 公共文化产出要素	B4 公共文化设施产出	C11 人均拥有公共图书馆藏量（册/人）
			C12 每万人拥有公共图书馆阅览室座席数（个）
			C13 每万人拥有博物馆文物藏品数（册）
			C14 艺术表演团体人均演出收入（元/人）
			C15 群众艺术馆/文化馆藏书（千册）

续表

总体目标	一级指标	二级指标	三级指标
北京市公共文化服务供给绩效评价	A2 公共文化产出要素	B5 公共文化活动产出	C16 公共图书馆为读者举办活动次数（次/万人）
			C17 群众文化机构组织文艺活动次数（次/万人）
			C18 博物馆举办展览次数（次/万人）
			C19 艺术表演团体国内演出场次（次/万人）
		B6 公众参与	C20 公共图书馆人均流通人次（次/人）
			C21 博物馆人均参观人次（次/人）
			C22 群众文化机构人均培训人次（次/人）
			C23 艺术表演团体演出人均观众人次（次/人）

5.1.2 指标体系的权重设计

（1）因子分析

指标权重是否合理对评价结果有直接影响。关于赋权的方法主要有主观赋权和客观赋权两种方法，其中主观赋权法融入了主观情感因素，一般情况下难以得到准确的结果，而客观赋权法是建立在数据的基础上，通过一系列数学计算得到权重，更具客观准确性，但是当指标个数较多时，计算量较大。本研究采用因子分析方法对指标体系中的各指标进行客观赋权，计算表 5-3 中各三级指标的权重，并通过进一步计算对北京公共文化服务的供给绩效进行评价。

本书在收集了北京市 1996～2017 年相关指标的数据后，对表 5-3 中的指标体系进行因子分析，对此首先进行因子分析的适用性检验，得到表 5-4 的 KMO 和 Bartlett 检验结果。

表 5-4 中 KMO 值为 0.752，大于 0.7，符合一般研究要求，可以做因子分析。Bartlett 球形检验的近似卡方值为 171.568，显著性概率为 0，$P<0.001$，表明统计数据适合做因子分析。

表 5-4　KMO 和 Bartlett 的检验

取样足够度的 Kaiser-Meyer-Olkin 度量		0.752
Bartlett 的球形度检验	近似卡方	171.568
	df	24
	Sig.	0.000

按照因子提取中的主成分法默认的特征值大于 1 的提取原则,获取 5 个公因子 F1、F2、F3、F4 和 F5,且其累计方差贡献率达 84.381%,说明 5 个公因子保留了原始数据的大部分信息,具体数据见表 5-5。图 5-1 中的碎石图可以看出,前 5 个主成分的折现坡度较陡,而后面的趋于平缓,该图也说明取前 5 个主成分是合理的。

表 5-5　解释的总方差

成分	初始特征值			提取平方和载入			旋转平方和载入		
	合计	方差百分比	累积/%	合计	方差百分比	累积/%	合计	方差百分比	累积/%
1	11.183	48.620	48.620	11.183	48.620	48.620	8.783	38.188	38.188
2	3.211	13.962	62.582	3.211	13.962	62.582	3.829	16.647	54.835
3	2.113	9.185	71.767	2.113	9.185	71.767	2.872	12.487	67.322
4	1.654	7.190	78.957	1.654	7.190	78.957	2.191	9.526	76.848
5	1.248	5.424	84.381	1.248	5.424	84.381	1.733	7.534	84.381
6	.871	3.787	88.169						

提取方法:主成分分析。

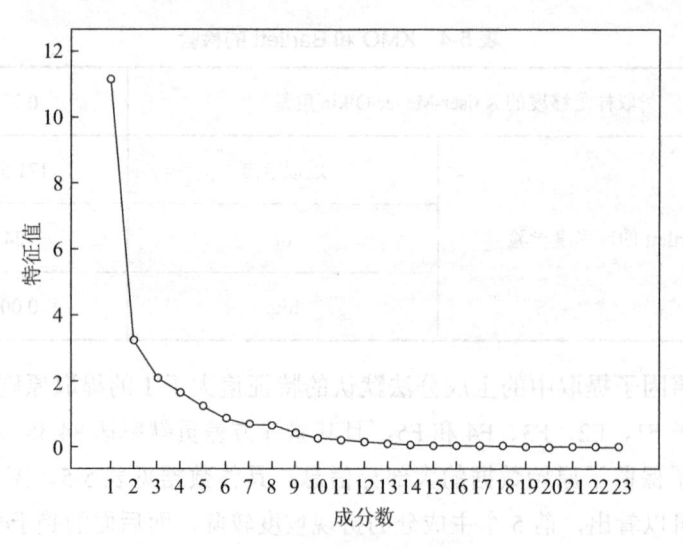

图 5-1　主成分分析碎石图

（2）指标权重的计算

通过 SPSS 统计软件首先对数据进行标准化处理，对相关矩阵进行主成分分析，得到表 5-6 的成分矩阵，文章以指标 C1 人均文化费用支出（元）为例介绍其权重的计算。首先，计算各指标相关矩阵系数。由表 5-5 解释的总方差知道，选取的 5 个主成分的特征根 $\lambda_1, \lambda_2, \cdots, \lambda_5$ 分别为 11.183、3.211、2.113、1.654 和 1.248，根据公式 $R_{nj} = \dfrac{f_{nj}}{\sqrt{\lambda_j}}$，$j=1,2,\cdots,k$（$R$ 为变量之间的相关矩阵系数，f_{nj} 为初始因子载荷）可计算出 5 个主成分相关系数矩阵，见表 5-7。

再根据公式 $M_i = \sum\limits_{j=1}^{k}(R_{nj}T_j) / \sum\limits_{j=1}^{k}(T_j)$ 计算每个指标的原始权重，其中 M 为综合得分模型中的系数，T 为主成分的方差贡献率。经过计算可以得出每个指标的初始得分，因为初始权重综合不为 1，所以通过公式 $x_n = M_i / \sum\limits_{i=1}^{N} M_i$ 对权重进行归一化处理，得到如表 5-8 中各指标的综合权重。然后把每个子系统的三级指标综合权重相加即得到相应二级指标的权重。

表 5-6　成分矩阵

标准化指标	成分 1	成分 2	成分 3	成分 4	成分 5
Z（人均文化事业费用支出）	0.954	0.122	0.026	-0.200	-0.080
Z（文化事业费用占财政支出比重）	0.219	-0.693	0.352	-0.177	0.191
Z（人均拥有公共图书馆建筑面积）	0.660	0.624	-0.257	0.000	-0.207
Z（每万人拥有群众文化设施建筑面积）	0.892	0.046	0.230	-0.147	0.078
Z（每万人拥有艺术表演团体建筑面积）	0.660	0.210	-0.446	0.353	0.022
Z（每万人拥有博物馆建筑面积）	0.814	0.054	0.094	0.219	0.231
Z（每万人中公共图书馆从业人员数量）	-0.873	0.019	0.030	0.329	0.195
Z（每万人中群众文化机构从业人员数）	0.072	-0.178	0.525	0.624	-0.298
Z（每万人中博物馆从业人员数）	0.455	0.439	0.329	0.416	0.396
Z（每万人中艺术表演团体从业人员）	0.730	0.551	0.058	-0.019	0.011
Z（人均拥有公共图书馆藏量）	0.923	0.215	0.010	-0.240	-0.014
Z（每万人拥有公共图书馆阅览室座席数）	0.701	-0.390	-0.508	0.087	0.048
Z（每万人拥有博物馆文物藏品数）	0.742	-0.442	0.036	0.287	-0.160
Z（人均拥有群众文化机构藏书量）	0.937	-0.164	0.147	-0.192	-0.063
Z（艺术表演团体人均演出收入）	0.832	-0.324	-0.186	-0.016	-0.163
Z（公共图书馆为读者举办活动次数）	0.357	-0.683	-0.200	0.390	0.158
Z（群众文化机构组织文艺活动次数）	0.643	-0.366	0.306	-0.278	0.183
Z（博物馆举办展览次数）	0.020	-0.143	0.121	-0.159	0.729
Z（艺术表演团体国内演出场次）	0.678	0.563	0.040	0.357	0.261
Z（公共图书馆人均流通人次）	0.955	-0.015	-0.198	0.054	0.004
Z（博物馆人均参观人次）	0.011	0.439	0.674	-0.199	-0.119
Z（群众文化机构训练班人均培训人次）	0.925	-0.142	0.024	-0.208	-0.068
Z（艺术表演团体人均观众人次）	-0.391	0.268	-0.560	-0.258	0.286

提取方法：主成分。[a]
a. 已提取了 5 个成分。

表 5-7　成分得分系数矩阵

标准化指标	成分 1	成分 2	成分 3	成分 4	成分 5
Z（人均文化事业费用支出）	0.139	-0.029	-0.069	-0.037	-0.038
Z（文化事业费用占财政支出比重）	0.061	-0.110	-0.013	0.072	0.297
Z（人均拥有公共图书馆建筑面积）	0.062	0.071	-0.034	-0.079	-0.259
Z（每万人拥有群众文化设施建筑面积）	0.101	0.028	-0.091	0.005	0.104
Z（每万人拥有艺术表演团体建筑面积）	-0.065	0.173	0.212	-0.038	-0.133
Z（每万人拥有博物馆建筑面积）	-0.032	0.188	0.059	0.042	0.134
Z（每万人中公共图书馆从业人员数量）	-0.188	0.139	0.074	0.051	0.088
Z（每万人中群众文化机构从业人员数）	-0.104	0.067	0.003	0.476	-0.148
Z（每万人中博物馆从业人员数）	-0.143	0.370	-0.021	0.087	0.209
Z（每万人中艺术表演团体从业人员）	0.048	0.133	-0.101	-0.042	-0.051
Z（人均拥有公共图书馆藏量）	0.134	-0.002	-0.084	-0.085	-0.005
Z（每万人拥有公共图书馆阅览室座席数）	0.021	-0.016	0.268	-0.088	-0.018
Z（每万人拥有博物馆文物藏品数）	0.015	-0.024	0.140	0.211	-0.072
Z（人均拥有群众文化机构藏书量）	0.142	-0.075	-0.054	0.028	0.031
Z（艺术表演团体人均演出收入）	0.098	-0.096	0.111	0.030	-0.093
Z（公共图书馆为读者举办活动次数）	-0.091	0.050	0.305	0.104	0.110
Z（群众文化机构组织文艺活动次数）	0.114	-0.065	-0.073	-0.004	0.254
Z（博物馆举办展览次数）	-0.060	0.173	0.017	-0.208	0.528
Z（艺术表演团体国内演出场次）	-0.098	0.333	0.024	0.006	0.061
Z（公共图书馆人均流通人次）	0.054	0.047	0.099	-0.029	-0.036
Z（博物馆人均参观人次）	0.078	-0.004	-0.349	0.126	0.010
Z（群众文化机构训练班人均培训人次）	0.143	-0.080	-0.024	-0.016	0.005
Z（艺术表演团体人均观众人次）	-0.023	0.046	0.081	-0.374	0.078

提取方法：主成分。
旋转法：具有 Kaiser 标准化的正交旋转法。

表 5-8　北京公共文化服务供给绩效评级指标的综合权重

一级指标	二级指标	权重	三级指标	综合权重	权重
投入要素	公共文化财政供给	0.0738	人均文化事业费用支出	0.0299	0.4056
			文化事业费用占财政支出比重	0.0439	0.5944
	公共文化基础设施供给	0.1618	人均拥有公共图书馆建筑面积	0.0401	0.2478
			每万人拥有群众文化设施建筑面积	0.0295	0.1821
			每万人拥有艺术表演团体建筑面积	0.0537	0.3321
			每万人拥有博物馆建筑面积	0.0385	0.2380
	公共文化人力资源供给	0.2211	每万人中公共图书馆从业人员数量	0.0507	0.2292
			每万人中群众文化机构从业人员数	0.0639	0.2889
			每万人中博物馆从业人员数	0.0734	0.3318
			每万人中艺术表演团体从业人员	0.0332	0.1502
产出要素	公共文化设施产出	0.1713	人均拥有公共图书馆藏量	0.0295	0.1720
			每万人拥有公共图书馆阅览室座席数	0.0348	0.2031
			每万人拥有博物馆文物藏品数	0.0366	0.2137
			人均拥有群众文化机构藏书量	0.0321	0.1875
			艺术表演团体人均演出收入	0.0383	0.2236
	公共文化活动产出	0.2243	公共图书馆为读者举办活动次数	0.0566	0.2524
			群众文化机构组织文艺活动次数	0.0429	0.1915
			博物馆举办展览次数	0.0757	0.3377
			艺术表演团体国内演出场次	0.0490	0.2183
	公众参与	0.1477	公共图书馆人均流通人次	0.0237	0.1606
			博物馆人均参观人次	0.0495	0.3350
			群众文化机构训练班人均培训人次	0.0275	0.1860
			艺术表演团体人均观众人次	0.0470	0.3184

5.1.3 北京公共文化服务供给绩效综合评价

利用表 5-8 的相关权重计算结果，通过计算得到北京市公共文化服务供给绩效综合评价指数值。由于北京公共文化服务供给绩效综合指数值有正有负，为了更方便比较各年份北京公共文化服务水平的供给绩效综合指数值，将数据进行归一化处理，再变成百分制的综合得分。具体过程如下。

将表 5-8 中的综合指数值得分进行归一化处理，具体公式为

$$f_i = \frac{f_i - f_{\min}}{f_{\max} - f_{\min}}$$

式中，f_i 为表 5-8 中每年北京公共文化服务水平的指数得分；$f_{\min}$ 为北京公共文化服务供给绩效指数得分在每个维度的最小值，$f_{\max}$ 北京公共文化服务供给绩效指数得分在每个维度的最大值。

将归一化处理后的指数得分乘以 100，得到北京公共文化服务水平供给绩效的百分制得分，具体数据见表 5-9。根据表 5-9 数据绘制了北京公共文化服务供给绩效的相关统计图，见图 5-2、图 5-3 和图 5-4。

表 5-9 北京公共文化服务供给绩效百分制得分

年份	公共文化财政供给	公共文化基础设施供给	公共文化人力资源供给	公共文化设施产出	公共文化活动产出	公众参与	总指数评价
2017	55.09	100.00	100.00	100.00	100.00	100.00	100.00
2016	59.76	74.61	40.18	85.43	45.32	76.46	56.64
2015	27.93	54.17	31.00	82.41	46.35	73.47	44.10
2014	45.55	47.45	26.15	74.79	39.31	62.45	37.58
2013	57.50	34.95	30.23	73.31	27.42	59.14	33.07
2012	64.95	38.25	20.78	79.63	31.47	60.96	34.71
2011	37.24	17.36	26.53	64.23	28.56	56.22	22.54
2010	50.34	20.75	22.26	59.99	22.12	61.85	21.67
2009	49.37	22.97	42.44	62.37	27.80	49.87	28.61

续表

年份	公共文化财政供给	公共文化基础设施供给	公共文化人力资源供给	公共文化设施产出	公共文化活动产出	公众参与	总指数评价
2008	99.95	23.51	35.48	69.86	52.75	60.12	40.47
2007	100.00	28.69	36.57	71.97	94.39	47.15	50.38
2006	4.42	12.41	40.76	72.39	67.43	43.03	31.27
2005	40.98	30.61	44.07	63.51	49.98	35.25	33.77
2004	26.59	23.04	26.17	63.72	36.51	42.93	22.92
2003	24.90	20.85	59.45	44.44	8.11	5.75	16.07
2002	22.57	45.66	24.27	28.28	9.84	17.25	9.76
2001	2.69	21.83	0.00	26.22	1.30	87.17	0.20
2000	13.69	3.71	34.78	20.99	84.26	28.19	16.22
1999	0.00	5.12	55.53	18.57	0.00	60.24	6.21
1998	11.63	3.43	56.94	15.88	4.17	0.00	0.00
1997	13.77	5.93	71.91	8.26	5.53	37.77	8.38
1996	3.87	0.00	42.26	0.00	1.87	96.68	1.24

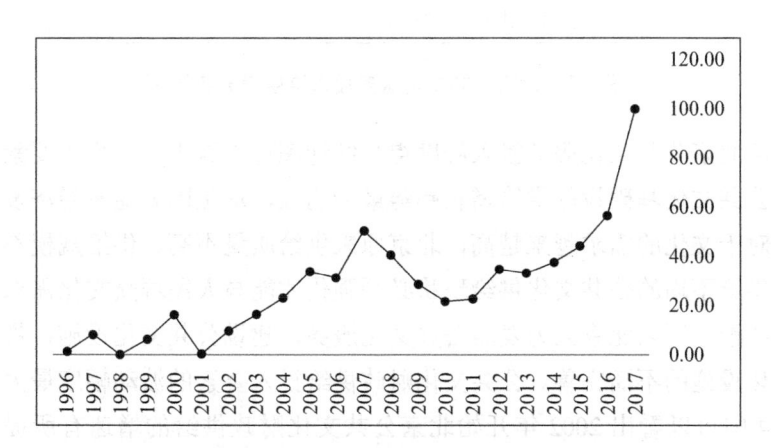

图 5-2 北京公共文化服务供给绩效总指数得分统计图

根据北京公共文化服务供给绩效总指数得分图可以看出，北京公共文化服务供给绩效总体呈上升趋势，从1998年开始因为新中国成立50周年一些重大文化体育设施工程的建设提高了公共文化设施产出，在一定程度上促进了北京公共文化服务供给绩效总指数的提高，上升趋势一直持续到2008年奥运会。2008—2011年，北京公共文化服务供给绩效总指数呈下降趋势。2012年之后，随着党的十八大科学发展观指导思想的确立，我国公共文化服务体系建设全面深化，北京公共文化财政支出供给和公共文化基础设施供给都有显著提高，相应地公共文化设施产出、公共文化活动产出以及公众参与也有了明显增加，所以，2012年以后北京公共文化服务供给绩效总指数一直处于上升趋势。

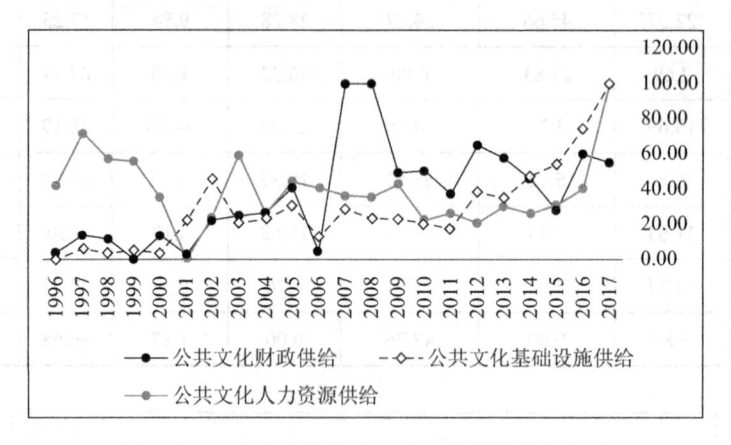

图5-3　北京公共文化服务投入维度得分统计图

从北京公共文化服务投入维度得分统计图可以看出，在投入要素中，北京公共文化基础设施供给增长趋势最为明显，这是因为随着经济发展，居民对于文化的需求越来越高，北京原来供给质量不高、供给规模不大、城乡供给不均的公共文化供给现状必须强化才能与人民群众文化需求的增长相匹配，所以北京大力发展公共文化服务，建设公共文化设施，带来公共文化设施的不断完善。公共文化财政供给投入要素的波动幅度最大，从图5-4中可以看出2002年开始北京公共文化财政供给的增速有所提升，这是因为这一时期文化信息资源共享工程的建设、北京市四级文化中心（站）数据库的建立等都需要大量财政资金的投入；2007年的公共文化财政供给增加速度最高，这跟2008年奥运会的举办对各大运动场馆的建设投入有密切关系。公共文化财政供给的变化充分体现了公共文化服务公益性的原则。而公共文化人力资源供给的变化跟公共文化基础设施供给的变化具有趋同性，这是因为在公共文化智能化、数字化还未充分体现时，公共文化设施供给的增加必然意味着需要更多的公共文化人力资源服务与之相匹配。

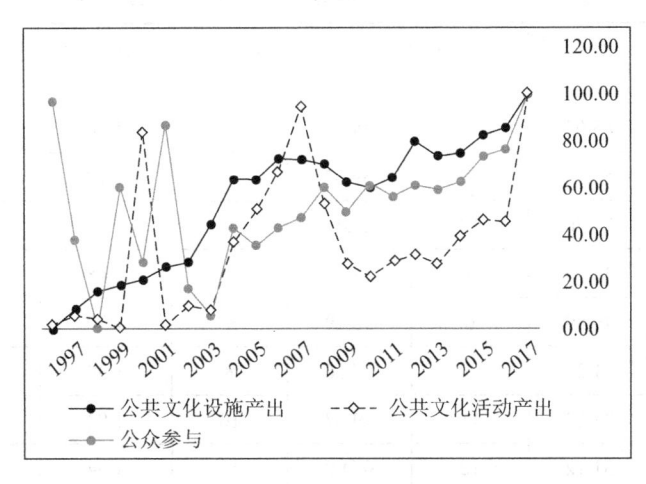

图 5-4　北京公共文化服务供给产出维度得分统计图

从北京公共文化服务供给产出维度的得分统计图可以看出，在 2003 年之前，北京的公共文化设施产出还比较低时，现有的公共文化设施也比较集中，所以公共文化活动跟公众的参与度较为契合。2003 年以后随着公共文化设施的大量增加，公共文化活动和公众参与度随之增加，但是公共文化活动在 2008 年以后出现了较大降幅，直到 2017 年降幅趋势开始扭转。2008 年之后公共文化设施产出与公众参与的契合性较好，并且它们的绩效得分远高于公共文化活动的绩效得分，所以公共文化活动产出优化空间相对较大。

对于表 5-9 中北京公共文化服务供给绩效综合指数值，通过把投入维度和产出维度各指标得分汇总进一步得到投入维度得分和产出维度得分，并用产出维度得分与投入得分的比值，表示投入产出效率，如果该比值大于 1，说明北京公共文化服务的投入产出有效率，相反无效率，具体数据见表 5-10。本研究还对表 5-10 中的投入产出效率进行了进一步的划分，划分依据为：如果投入产出效率大于 1.3，认为投入产出高效，即低投入高产出；相反如果投入产出效率小于0.7，即高投入低产出，投入产出效率低效；其他投入产出效率值居于0.7～1.3，认为投入产出效率一般，投入产出大致相当。根据这个划分标准，北京市公共文化服务投入产出对比结果见表5-11。

表5-10 北京公共文化服务投入产出效率得分及排名

时间	投入得分	投入得分排序	产出得分	产出得分排序	投入产出效率	投入产出效率排名
2017	85.03	1	100.00	1	1.18	17
2016	58.18	2	69.07	3	1.19	16
2015	37.70	10	67.41	4	1.79	7
2014	39.72	7	58.85	7	1.48	9
2013	40.89	6	53.29	9	1.30	11
2012	41.33	5	57.36	8	1.39	10
2011	27.04	15	49.67	10	1.84	6
2010	31.12	12	47.99	12	1.54	8
2009	38.26	9	46.68	14	1.22	15
2008	52.98	4	60.91	6	1.15	18
2007	55.09	3	71.17	2	1.29	13
2006	19.20	19	60.95	5	3.17	2
2005	38.55	8	49.58	11	1.29	14
2004	25.27	16	47.72	13	1.89	5
2003	35.07	11	19.43	19	0.55	21
2002	30.84	13	18.46	20	0.60	19
2001	8.18	22	38.23	16	4.68	1
2000	17.40	20	44.48	15	2.56	3
1999	20.22	18	26.27	18	1.30	12
1998	24.00	17	6.68	22	0.28	22
1997	30.54	14	17.19	21	0.56	20
1996	15.38	21	32.85	17	2.14	4

表 5-11　北京公共文化服务投入产出对比结果

类型	年份数	具体年份
高投入低产出	4	2003 2002 1998 1997
低投入高产出	10	2015 2014 2012 2011 2010 2006 2004 2001 2000 1996
投入产出大致相当	8	2017 2016 2013 2008 2009 2007 2005 1999

5.1.4　对于评价结果的分析和讨论

根据北京市公共文化服务供给绩效的评价分析结果，可得出以下结论。

（1）北京公共文化服务财政保障力度还需进一步提升

近年来北京公共文化服务取得了显著成绩，已经实现高质量、全覆盖。原始数据显示，2017 年北京的人均文化事业费用支出为 166.73 元，远高于全国的人均文化事业费用 61.56 元；2017 年北京的文化事业费用占财政支出比重为 0.53%，也高于全国 0.42% 的比重。通过图 5-1 北京公共文化服务供给绩效总指数得分趋势图可以看出，北京市的公共文化服务供给绩效整体呈上升态势，其中 2007 年供给绩效总指数得分有一个快速发展，结合图 5-3 的数据我们知道，主要是 2007 年北京的公共文化财政投入大规模增加导致的，这跟 2008 年北京奥运会有密切关系。图 5-1 的数据结果告诉我们，北京市政府对公共文化服务财政支出的保障使得北京在文化发展方面成为先行者、引领者和示范者。

但同时我们看到，美国财政支出中一般公共服务所占比重维持在 12% 左右，跟这些发达国家相比较，我国对于公共文化事业的财政投入明显比例比较低，北京市文化事业费用占财政支出比重的原始数据显示，2007 年此比例最高，为 0.77%，2008 年为 0.76%，此后的九年，此比重呈下降趋势，从 2009 年的 0.6% 降至 2017 年的 0.53%，也就是说文化事业费用的增长幅度越来越低于财政支出的增长幅度，文化事业与财政支出支持的其他事业相比较，差距会越来越大。

(2)北京公共文化服务基础设施投入增长较快，但人才队伍建设不足

首先对投入要素中每个指标的变化趋势进行分析，从图 5-3 我们可以看出北京公共文化财政供给整体呈递增趋势，在 2007 年增值速度最快，达到最高值，随后快速下降至 2009 年的 49.37，并且波动式下降到 2015 年的 27.93，2016 年又增长至 59.76。北京公共文化基础设施供给在 2000 年前变动幅度不大，并且在三个投入维度中处于最低值，北京从 2001 年开始为奥运会布局后公共文化基础设施开始快速增长至 2002 年的 45.66，2003 年又下降至 20.85，并保持大概趋势至 2011 年的 17.36，从 2012 开始北京公共文化基础设施呈快速增长趋势并达到 2017 年的最大值；北京公共文化人力资源供给在 2001 年之前呈下降态势，2003—2011 年人力资源供给得分都大于基础设施得分，2011 年后其变化趋势与公共文化基础设施的变化趋势大致相同，因为 2012 年北京公共文化基础设施开始快速增长，人力资源供给增长速度跟不上基础设施的增长速度，一直到 2016 年虽然有所上升但在三个维度中是最低的，所以公共文化服务的快速扩张导致公共文化服务人才队伍建设严重不足。

(3)北京公共文化服务设施产出快速增长，公共文化活动产出不能完全满足人民日益增长的文化需求

图 5-4 中北京公文化服务供给中产出维度的三个指标变化趋势显示，公共文化设施产出整体呈上升趋势；公共文化活动产出与公众参与两个维度在 2003 年之前变化幅度比较大，2003 年开始公众参与维度呈波动式上升趋势，并且从 2008 年开始其得分一直高于公共文化活动产出的得分；公共文化活动产出在 2007 年达到 3 个维度的最大值，经历了 2008 年和 2009 年的快速下降后，公共文化活动产出得分下降到了公众参与得分之下，所以，北京公共文化设施产出增长最快，公共文化活动产出不能满足人民日益增长的文化需求。

(4)北京公共文化服务投入产出效率还需进一步优化

根据表 5-10 投入产出效率的计算结果来看，除了 4 个年份的投入产出效率值小于零，其他年份的投入产出效率值都大于 1，也就是说北京的

公共文化服务投入产出还是比较有效率的。但是从投入产出效率的排序来看，2016年和2017年的排序比较靠后，即近两年的投入产出效率有所下降。根据表5-11投入产出对比结果来看，高投入低产出年份是4个，8个年份投入产出大致相同，其他10个年份为低投入高产出，也就是说在整个考察的时间段内，有超过一半的年份为投入产出低效或效率一般状态，所以北京公共文化服务的投入产出效率还有很大的提升空间。

5.1.5 北京公共文化服务供给绩效影响因素分析

上文我们从北京公共文化服务体系内部因素展开，对北京公共文化服务供给绩效得分进行了评价，总结了北京公共文化服务供给体系中尚存的一些问题。事实上，北京公共文化服务供给绩效还受到外部发展环境的影响，如地区经济发展水平、政府的重视程度等。本书以因子分析中得出的供给绩效总得分为被解释变量（Y），从外部环境影响因素和内部因素中选取重要的、代表性的变量作为解释变量，进一步分析这些内外部重要影响因素对北京公共文化服务供给绩效的影响程度。

（1）解释变量的选取

内部因素中选取文化事业费用占财政支出的比重（CEP）作为重要的解释变量，前文得知政府是公共文化服务的主体，并以公共财政为支撑提供公共文化产品和项目，所以文化事业费占财政支出的比重决定了北京公共文化服务供给的规模、水平和质量。外部环境影响因素中选取实际人均GDP（RGDP）城镇化率（UR）和政府重视程度虚拟变量D。实际人均GDP可表示北京的经济发展水平，其数值高低对北京公共文化服务的投入和产出规模会产生重要的带动作用；城镇化率用城镇常住人口除以全市常驻人口的比重来表示，推进农村城镇化的过程，必须重视其城镇化的质量和水平，加快公共文化服务体系的建立和完善是城镇化的有力支撑；政府的重视程度D=1，表示北京政府对公共文化服务很重视，D=0表示北京市政府对公共文化服务重视程度不高，北京市政府从2011年开始创建国家公共文化服务体系示范区和示范项目，目前已经创建了四批，每一批示范区和示范项目创建后都有中期督查和验收，这一系列操作有利于加强政府对公共文化服务的重视，并提高公共文化服务的质量，所以对于虚拟变量 D 的取值从 2011 年开始取值都为 1，其他为 0。

（2）时间序列平稳性检验

对于时间序列数据首先采用 ADF 单位根检验方法对其平稳性进行检验，检验结果见表 5-12，表 5-12 显示所有变量在 5% 的显著性水平以下都是平稳的。

表 5-12　各时间序列的平稳性检验

变量	(c t p)	ADF 检验统计量	临界值 1%	临界值 5%	临界值 10%	结论（P 值）
Y	(0 0 0)	-3.9607	-2.6797	-1.9581	-1.6078	0.0004
RGDP	(c 0 0)	-6.6501	-3.7880	-3.0124	-2.6461	0.0000
UR	(c t 0)	-4.3017	-4.4679	-3.6449	-3.2615	0.0014
CEP	(c 0 0)	-3.0660	-3.7880	-3.0124	-2.6461	0.0045

注：c、t、p 分别表示截距项、趋势值和滞后阶数。

（3）格兰杰因果关系检验

通过 Eviews 软件对各解释变量和被解释变量分别进行了格兰杰因果关系检验，结果见表 5-13，从表 5-13 可以看出，实际人均 GDP 和城镇化率是被解释变量北京公共文化服务供给绩效得分的格兰杰原因，而文化事业费占财政支出的比重不是被解释变量的格兰杰原因。

表 5-13　格兰杰因果关系检验结果

零假设	自由度	F-统计量	P 值
RGDP 不是 Y 的格兰杰原因	17	3.25707	0.0915
Y 不是 RGDP 的格兰杰原因		2.70277	0.1290
UR 不是 Y 的格兰杰原因	17	11.0664	0.0055
Y 不是 UR 的格兰杰原因		1.30001	0.3745
CEP 不是 Y 的格兰杰原因	17	0.10177	0.9880
Y 不是 CEP 的格兰杰原因		0.29029	0.9020

（4）模型回归分析

根据格兰杰因果检验的结果，运用 Eviews 软件对北京市 1996—2017 年的相关时间序列数据建立回归模型，回归分析结果如表 5-14。

表 5-14　回归分析结果

变量	系数	标准误差	t- 统计量	P 值
C	4.426646	1.596399	2.772894	0.0125
LNRGDP	0.938742	0.403356	2.327330	0.0318
LNUR	0.856149	0.256522	3.337531	0.0037
D	0.557845	0.161182	3.460974	0.0028

从表 5-14 的回归分析结果可以看出，在 5% 的显著性水平以下，各解释变量人均 GDP、城镇化率和虚拟变量政府的重视程度对被解释变量北京公共文化服务供给绩效得分都有显著的影响，并且都是正向影响。从影响程度来看，实际人均 GDP 每增长 1 个百分点，北京公共文化服务供给绩效得分平均会增加 0.9387%；城镇化率每提高 1 个百分点，北京公共文化服务供给绩效得分平均会增加 0.8561%；虚拟变量 D 的回归结果显示政府对公共文化服务重视程度的提高会显著提高公共文化服务供给绩效平均得分。

基于以上分析，北京市政府在大力发展经济的同时，加快了城镇化进程，并且对北京公共文化服务体系的建设给予充分重视，都有利于提升北京公共文化服务供给绩效。

5.1.6　北京公共文化服务供给绩效提升的政策建议

（1）进一步提高政府部门的重视度，并继续提升北京公共文化服务的财政支持力度。在北京市各政府部门的高度重视和财政的大力支持下，北京的公共文化服务供给已经全面铺开，目前最重要的是提高其供给质量和效能，这仍旧离不开政府的关注和财政支持与保障。所以相关政府部门应立足首都定位，完善顶层设计，坚持首善标准，突出北京特色，实现北京公共文化服务高质量发展，保障人民群众基本文化权益，满足人民群众的文化生活需求，进一步推进全国文化中心建设。北京市政府还应该持续加大对公共文化服务的财政投入，为了减少财政压力，政府应该拓宽其资金渠道，通过财税激励机制、政府购买服务、项目补贴、奖励等多种方式，引导社会资本以多种形式参与到公共文化服务供给中，逐步形成由政府主导的多元化参与主体，推动公共文化服务更加社会化、专业化，保障居民享有更为丰富、更有质量的精神文化生活。

（2）加强北京公共文化服务机构的人才队伍建设。公共文化服务的有效供给不但需要财政支持和大量的基础设施，还需要高效和专业的技术人才。从北京的公共文化投入维度来看，服务人才的投入与财政投入和基础设施投入相比较，长期处于最低点，而专业技术人才的缺失，会影响公共文化资源的使用效率。所以北京市政府在增加公共文化服务方面专业人才数量的基础上，还应该加强公共文化服务人才的供给侧改革，构筑文化服务人才新高地。特别是在公共数字文化大发展的背景下，政府应该加大对公共文化服务人才数字化素养的培养，提高其数字服务能力，使数字化人才培养具有专业性、持续性，推动北京公共文化服务体系长远有效地发展。

（3）建立需求导向的公共文化服务供给模式。针对北京市民参与公共文化的热情和强烈需求，相关政府部门一方面应该增加公共文化服务供给以满足公众需求，另一方面是应该建立以公众需求为导向的公共文化服务供给模式，以提高公共文化资源的使用效率。北京市目前已经有各种文化云平台，政府应该充分利用现有云平台通过数据挖掘等技术充分了解公众偏好和需求，建立公共文化需求的表达和信息反馈机制等，尽可能提供精准化和个性化服务。

（4）提升北京公共文化服务的投入产出效率。北京的公共文化服务投入产出效率还有较大的提升空间，从投入维度看，北京相关政府部门应注重公共文化服务的精准投入，通过第三方评价机构，对增量投入进行评估，根据绩效评价结果对公共文化资源投入进行增减，以避免公共文化资源的浪费；从产出维度看，应尽可能地实现公共文化服务供给的市场化，通过向社会机构购买公共文化，丰富公共文化服务内容，提高供给效率。最终实现投入和产出的对接,为公众提供精准化的公共文化服务。

(5)合理规划北京的城镇化进程,并与公共文化服务充分融合、协同发展,提升居民的幸福感。相关政府要对北京的城镇化进程进行长远的规划,新型城镇建设要重视公共文化服务设施的布局和建设,充分运用"互联网+"思维,打造特色城镇、智慧城镇,使城镇居民更方便快捷地获取公共文化服务设施和活动的信息,充分享受城镇化带来的便利、幸福,并愿意融入其中。这有助于进一步推动城镇化建设与公共文化服务的协同良性循环发展。

5.2 北京市公共图书馆供给绩效比较研究 ——基于省级和县级的比较

5.2.1 指标体系的构建和选择

对于公共图书馆指标体系的选择也是在投入产出理论模型的基础上,根据国家基本公共文化服务指导标准、中国统计年鉴以及中国文化文物统计年鉴,从投入要素和产出要素两个维度设计了北京市公共图书馆供给绩效的指标体系,经过专家咨询,并考虑了数据可得性等原因后,形成如表5-15所示的北京市公共图书馆供给绩效评价指标体系。对于公共图书馆投入要素也是从人力、财力、物力三个角度考虑,设计了资金投入、基础设施投入和人力资源投入三个维度;对于公共图书馆的产出要素设计了公共图书馆设施产出、收益产出以及这些设施的公众参与三个维度,并根据不同维度的指标设计了相应的具体指标。

表 5-15　北京公共图书馆供给绩效评价指标体系

总体目标	一级指标	二级指标	三级指标
北京公共图书馆供给绩效评价	A1 投入要素	B1 资金投入	C1 财政拨款（千元）
			C2 公共图书馆总支出（千元）
			C3 设备购置费（元）
			C4 新购图书藏量（千册）
		B2 基础设施投入	C5 建筑面积（万平方米）
			C6 阅览座席（个）
	B3 人力资源投入	C7 从业人员（人）
	A2 产出要素	B4 设施产出	C8 总藏数（万册、万件）
			C9 书刊文献外借册次（万册次）
			C10 为读者举办各种活动次数（次）
			C11 发放借书证数（千个）
		B5 收益产出	C12 公共图书馆总收入（千元）
		B6 公众参与	C13 书刊文献外借人次（万人次）
			C14 为读者举办各种活动参加人次（千人次）

5.2.2　指标体系的权重设计

（1）省级公共图书馆统计数据因子分析

本研究采用因子分析方法对指标体系中的各指标进行赋权，计算表 5-15 中各三级指标的权重，并通过进一步计算对北京公共文化服务的供给绩效进行评价。本书在收集了北京市 1996—2017 年省级公共图书馆相关指标的数据后，通过对表 5-15 中的指标体系进行因子分析，首先进行因子分析的适用性检验，得到表 5-16 的 KMO 和 Bartlett 检验结果。

表 5-16　省级数据的 KMO 和 Bartlett 的检验

取样足够度的 Kaiser-Meyer-Olkin 度量。		0.720
Bartlett 的球形度检验	近似卡方	527.014
	df	91
	Sig.	0.000

表 5-16 中的 KMO 值为 0.720，大于 0.7，符合一般研究要求，可以做因子分析。Bartlett 球形检验的近似卡方值分别为 527.014，显著性概率为 0.000，P<0.001，表明省级统计数据适合做因子分析。

按照因子提取中的主成分法默认的特征值大于 1 的提取原则，获取 2 个公因子 F1、F2，第三个公因子的特征值虽然小于 1，但以 0.917 非常接近于 1，所以本书提取了 3 个公因子，且其累计方差贡献率达 88.705%，说明 3 个公因子保留了原始数据的大部分信息，具体数据见表 5-17。图 5-5 中的碎石图可以看出，前 3 个主成分的折线坡度较陡，而后面的趋于平缓，该图也说明取前 3 个主成分是合理的。

表 5-17　省级统计数据解释的总方差

成分	初始特征值			提取平方和载入			旋转平方和载入		
	合计	方差百分比	累积/%	合计	方差百分比	累积/%	合计	方差百分比	累积/%
1	9.394	67.097	67.097	9.394	67.097	67.097	7.464	53.312	53.312
2	2.108	15.057	82.154	2.108	15.057	82.154	3.374	24.101	77.413
3	0.917	6.551	88.705	0.917	6.551	88.705	1.581	11.292	88.705
4	0.587	4.191	92.896						

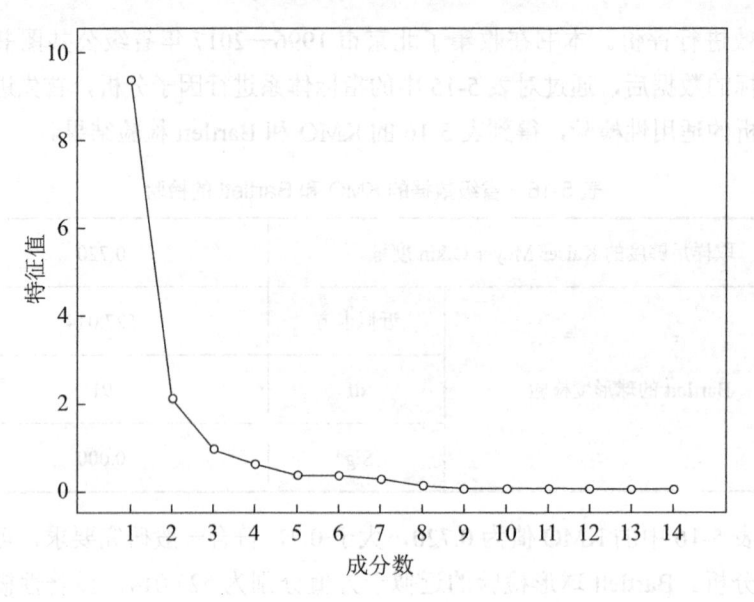

图 5-5　碎石图

通过 SPSS 统计软件首先对省级公共图书馆 1996—2017 年的数据进行标准化处理，对相关矩阵进行因子分析，计算每个指标的权重。再通过一系列运算得到北京市公共文化服务供给绩效综合评价指数值，然后对数据进行归一化处理，再变成百分制的综合得分，见表 5-18。对相关数据制作统计图，见图 5-6、图 5-7 和图 5-8。

表 5-18　北京省级公共图书馆供给绩效评价百分制得分

年份	资金投入	基础设施投入	人力资源投入	设施产出	收益产出	公众参与	总指数
2017	86.19	100.00	76.19	68.77	100.00	60.43	88.25
2016	87.37	95.65	78.91	67.02	99.22	70.89	90.34
2015	86.20	94.77	88.44	69.33	96.47	62.88	89.11
2014	71.10	94.77	87.76	70.37	83.89	72.73	87.30
2013	100.00	93.22	91.84	61.53	94.52	100.00	100.00
2012	86.56	84.66	98.64	47.26	79.06	46.90	75.81
2011	71.16	40.71	96.60	38.93	72.29	50.54	62.86

续表

年份	资金投入	基础设施投入	人力资源投入	设施产出	收益产出	公众参与	总指数
2010	37.30	45.21	99.32	36.22	77.50	53.40	55.97
2009	41.54	45.11	95.92	37.70	64.56	59.38	57.64
2008	38.11	45.80	73.47	55.44	39.09	85.01	65.15
2007	36.27	46.28	79.59	67.65	31.49	94.15	71.00
2006	40.75	48.12	55.78	70.88	29.00	81.09	67.41
2005	43.47	48.90	94.56	100.00	29.78	76.89	79.86
2004	14.26	53.84	74.15	50.81	23.23	65.91	52.66
2003	21.83	52.98	80.27	34.90	17.07	48.35	44.64
2002	22.82	54.06	89.12	15.06	16.60	41.42	37.73
2001	28.15	48.40	100.00	9.11	24.72	25.72	33.73
2000	4.94	11.36	48.30	9.29	23.87	14.59	14.50
1999	5.35	11.39	23.13	2.39	4.44	24.92	11.23
1998	0.00	11.14	1.36	0.00	0.32	0.00	0.00
1997	0.57	10.98	0.68	1.57	0.00	15.87	4.83
1996	1.05	0.00	0.00	1.14	0.06	8.04	0.92

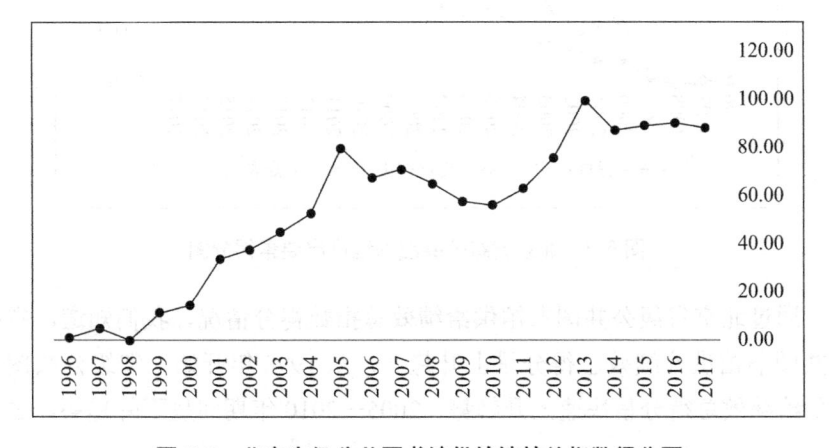

图 5-6　北京省级公共图书馆供给绩效总指数得分图

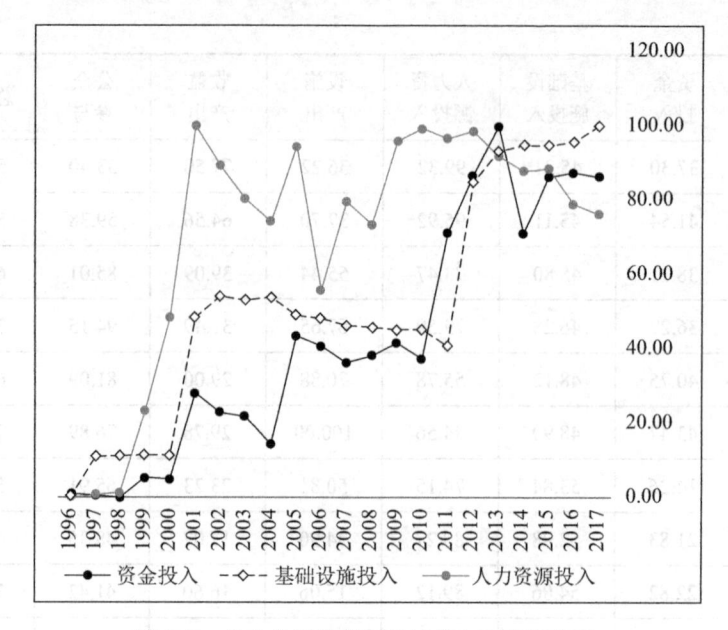

图 5-7　北京省级公共图书馆投入要素得分图

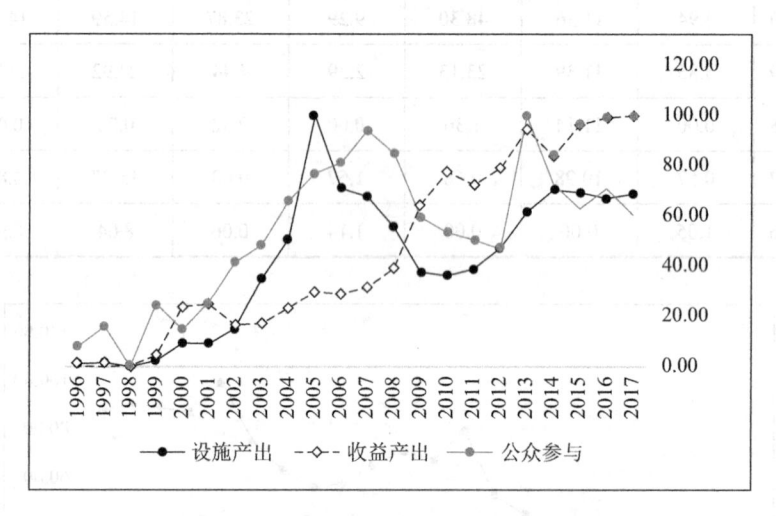

图 5-8　北京省级公共图书馆产出要素得分图

通过北京省级公共图书馆供给绩效总指数得分情况，我们知道，省级公共图书馆供给绩效总得分呈上升趋势，从 1998 年开始，省级公共图书馆供给绩效总得分呈快速上升趋势，2005—2010 年期间呈下降趋势，之后开始快速上升，党的十八大后的 2013—2017 年的得分在整个考察期是最高的，其中 2013 年的得分是最高值。

根据省级公共图书馆的投入要素得分，我们知道，省级公共图书馆的投入要素维度中基础设施投入和资金投入都有两个快速上升期，2001 年和 2011—2013 年。因为文化部图书司在 1997 年组织实施了我国图书馆界共建共享的"金图工程"，北京市率先跟进，北京图书馆于 1998 年先后与各大学和科研院所图书馆合作，建立了文献资源共享关系，随着图书馆数字资源的不断拓展，2000 年 4 月，中国数字图书馆网络正式开通，所以北京省级图书馆的资金投入从 1999 年开始增速加快，随着中国数字图书馆网络的开通，2001 年省级图书馆的资金投入和基础设施投入开始暴增。公共图书馆在第二阶段 2011—2013 年投入的增加与 2011 年文化部、财政部发布的《关于推进全国美术馆公共图书馆文化馆（站）免费开放工作的意见》密切相关，意见要求 2011 年年底之前全国所有公共图书馆实现无障碍、零门槛进入，所提供的基本服务项目全部免费，这使得公共图书馆事业打开新局面，大量读者的增加使图书馆需要进一步增加资金投入，完善基础设施以满足读者的需求。2010 年，国家还出台了《公共图书馆建设用地指标》和《公共图书馆建设标准》，为各地建设公共图书馆提出了标准和依据，对图书馆需求的增加以及公共图书馆馆舍的完善，都会导致 2011 年开始升级公共图书馆的基础设施投入和资金投入出现快速上升期。人力资源投入在 1998—2013 年得分是最高的，在此期间省级公共图书馆的资金投入也在不断增长，但是三个维度中得分比较低；基础设施投入在 2001—2011 年却呈缓慢下降趋势。2013 年之后，人力资源投入开始下降，并且降到三个投入要素中的最低值；而基础设施投入却在增加，并且在三个投入要素中得分最高，资金投入在经历了 2014 年的下降后，也开始上升。

根据省级公共图书馆的产出要素得分，我们知道，唯有收益产出得分上升趋势明显，公众参与和设施产出在 1998—2012 年变化趋势相同，只不过公众参与的变化要滞后于设施产出的变化。设施产出得分在经历了 1998—2005 年的快速上升后，从 2005—2010 年一直处于下降趋势，2010 年才开始缓慢上升。公众参与情况滞后于设施产出，它从 2000—2007 年处于快速上升阶段，从 2007—2012 年处于下降趋势。公众参与在经历了

2012—2013年的高速增长后从2014年开始处于缓降趋势，而公共文化设施产出在2014年后变化不明显，有微小的下降。

对于表5-18的评价结果，把投入维度和产出维度各指标得分汇总平均后进一步得到投入维度得分和产出维度得分，并用产出维度得分与投入维度得分的比值，表示投入产出效率，如果该比值大于1，说明北京省级公共文化服务的投入产出有效率，相反无效率，具体数据见表5-19。

表5-19 北京省级公共图书馆投入产出得分及排序

年份	投入指数	投入得分排序	产出指数	产出得分排序	投入产出系数	投入产出效率排名
2017	87.46	4	76.40	3	0.87	13
2016	87.31	5	79.04	2	0.91	9
2015	89.80	3	76.23	4	0.85	24
2014	84.54	6	75.66	5	0.89	11
2013	95.02	1	85.35	1	0.90	10
2012	89.95	2	57.74	10	0.64	19
2011	69.49	7	53.92	12	0.78	16
2010	60.61	10	55.70	11	0.92	8
2009	60.86	9	53.88	13	0.89	12
2008	52.46	14	59.85	9	1.14	5
2007	54.05	13	64.43	7	1.19	4
2006	48.22	16	60.32	8	1.25	3
2005	62.31	8	68.89	6	1.11	6
2004	47.41	17	46.65	14	0.98	7
2003	51.70	15	33.44	15	0.65	18
2002	55.33	12	24.36	16	0.44	20
2001	58.85	11	19.85	17	0.34	21
2000	21.53	18	15.92	18	0.74	17

续表

年份	投入指数	投入得分排序	产出指数	产出得分排序	投入产出系数	投入产出效率排名
1999	13.29	19	10.59	19	0.80	15
1998	4.17	20	0.11	22	0.03	22
1997	4.08	21	5.82	20	1.43	2
1996	0.35	22	3.08	21	8.77	1

根据表中省级公共图书馆的投入产出得分，我们知道，1996年、1997年和2005—2008年的投入产出系数大于1，其他年份的投入产出系数都小于1，说明省级公共图书馆的投入产出效率多数年份都不高，属于高投入低产出情况。

（2）县级公共图书馆统计数据因子分析

本研究采用因子分析方法对指标体系中的各指标进行赋权，计算表5-15中各三级指标的权重，并通过进一步计算对北京公共文化服务的供给绩效进行评价。本书在收集了北京市1996—2017年县级公共图书馆相关指标的数据后，通过对表5-15中的指标体系进行因子分析，首先进行因子分析的适用性检验，得到如表5-20的KMO和Bartlett检验结果。

表5-20 县级数据的KMO和Bartlett的检验

取样足够度的Kaiser-Meyer-Olkin度量		0.851
Bartlett的球形度检验	近似卡方	642.386
	df	91
	Sig.	0.000

表5-20中的KMO值为0.851，大于0.7，符合一般研究要求，可以做因子分析。Bartlett球形检验的近似卡方值642.386，显著性概率为0.000，$P<0.001$，表明县级统计数据适合做因子分析。

按照因子提取中的主成分法默认的特征值大于1的提取原则，获取2个公因子F1、F2，且其累计方差贡献率达90.183%，说明2个公因子保留了原始数据的大部分信息，具体数据如表5-21所示。图5-9碎石图可以看出，前2个主成分的折线坡度较陡，而后面的趋于平缓，该图也说明取前2个主成分是合理的。

表 5-21 县级统计数据总方差解释

成分	初始特征值			提取平方和载入			旋转平方和载入		
	合计	方差百分比	累积/%	合计	方差百分比	累积/%	合计	方差百分比	累积/%
1	11.622	83.016	83.016	11.622	83.016	83.016	6.826	48.760	48.760
2	1.003	7.167	90.183	1.003	7.167	90.183	5.799	41.423	90.183
3	0.442	3.158	93.341						

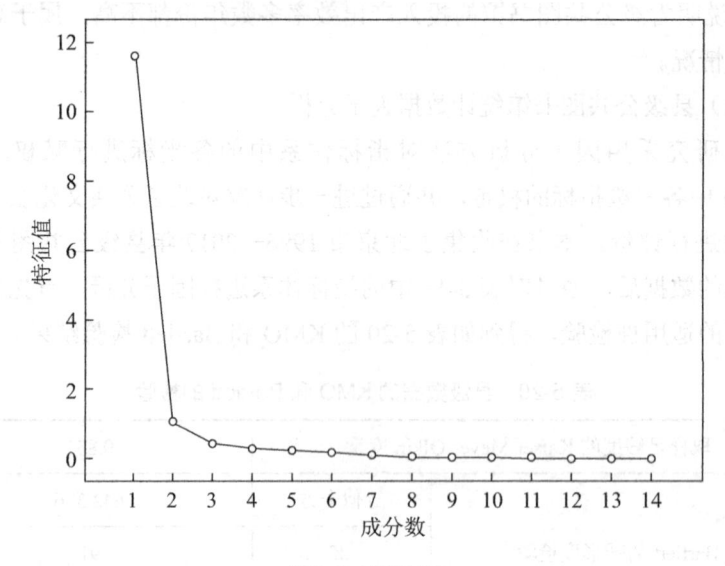

图 5-9 碎石图

通过 SPSS 统计软件首先对北京市级公共图书馆 1996—2017 年的数据进行标准化处理，对相关矩阵进行因子分析，计算每个指标的权重。再通过一系列运算得到北京市公共文化服务供给绩效综合评价指数值，然后对数据进行归一化处理，再变成百分制的综合得分，见表 5-22。对相关数据制作统计图，见图 5-10、图 5-11 和图 5-12。

表 5-22　北京县级公共图书馆供给绩效评价百分比得分

年份	资金投入	基础设施投入	人力资源投入	设施产出	收益产出	公众参与	总指数
2017	99.26	100.00	82.62	100.00	100.00	95.56	100.00
2016	100.00	86.95	84.22	78.49	87.38	100.00	92.51
2015	90.34	66.68	84.22	72.08	87.87	66.89	82.32
2014	76.28	69.50	88.50	68.27	70.80	62.93	76.13
2013	78.26	65.40	80.48	60.16	69.45	49.91	71.24
2012	79.30	50.87	78.88	61.23	62.66	43.61	68.64
2011	49.46	51.09	83.69	55.58	48.36	32.12	56.67
2010	33.41	52.61	91.71	57.85	41.07	52.37	55.56
2009	32.99	50.25	89.04	59.23	33.34	45.39	53.60
2008	39.31	49.78	100.00	63.67	32.57	77.10	61.67
2007	33.60	44.24	99.47	57.09	24.44	93.42	58.49
2006	36.42	38.26	84.49	58.64	22.89	67.27	53.67
2005	28.45	36.22	70.05	41.62	23.85	54.51	42.93
2004	0.00	25.13	51.87	6.96	0.00	2.68	13.32
2003	1.45	25.23	68.45	6.18	0.73	3.09	16.40
2002	1.29	23.08	65.24	6.49	0.66	9.41	16.33
2001	0.50	26.54	54.01	6.37	0.40	2.98	13.88
2000	0.23	23.11	53.48	4.64	0.29	5.43	13.13
1999	0.32	19.02	53.74	1.27	0.31	17.85	13.17
1998	0.31	11.89	45.19	3.03	0.19	2.23	9.78
1997	0.68	3.98	30.75	3.46	0.37	7.31	7.32
1996	0.38	0.00	0.00	0.00	0.23	0.00	0.00

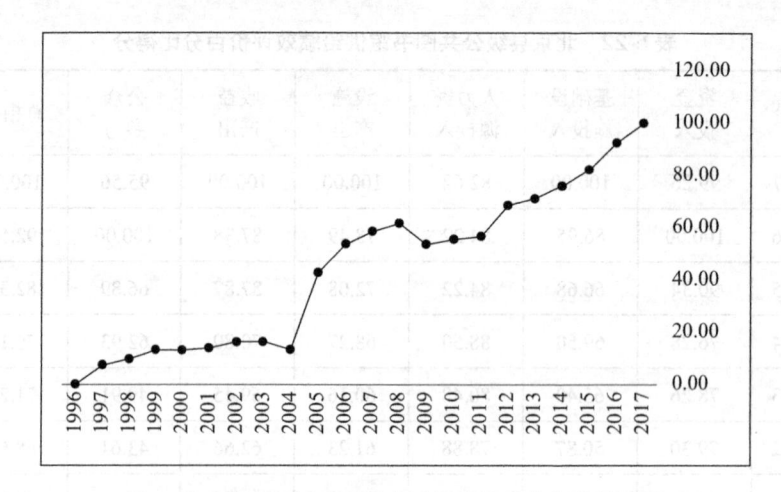

图 5-10　北京县级公共图书馆供给绩效总指数得分图

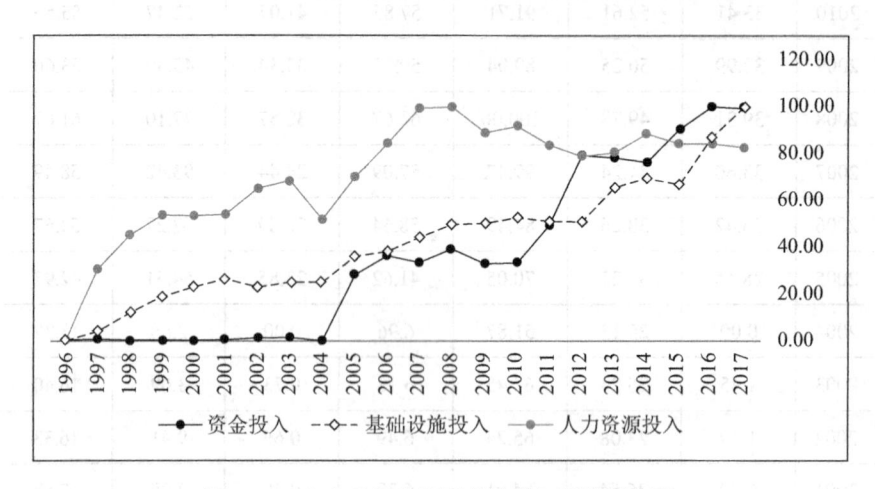

图 5-11　北京县级公共图书馆投入要素得分图

通过北京县级公共图书馆供给绩效总指数得分，我们知道，北京县级公共图书馆的供给得分除了个别年份有微小调整外，一直处于上升阶段，并且我们通过其统计图明显看出其呈阶段性上升趋势，在1996—2004年，上升趋势不太明显，2004—2008年上升速度最快，2009—2017年也在快速上升，但速度不及前一阶段。

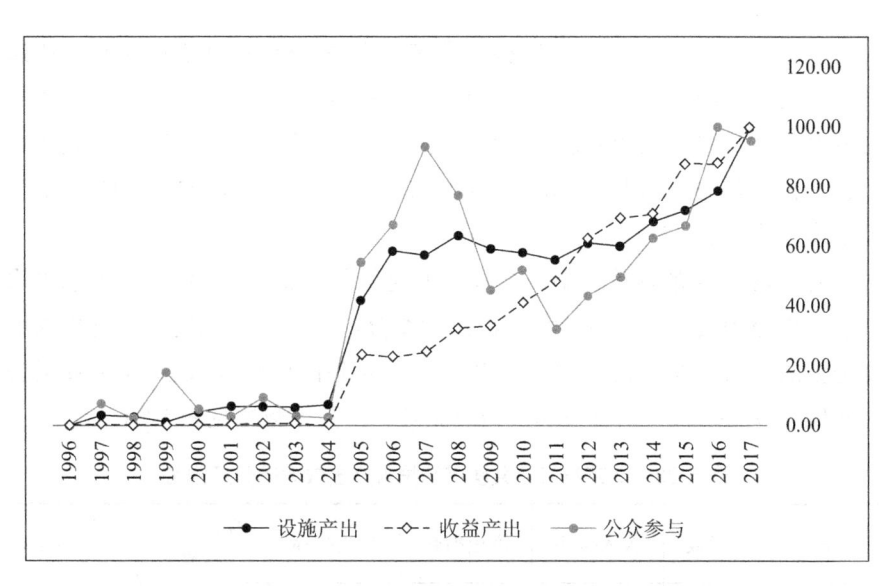

图 5-12　北京县级公共图书馆产出要素得分图

通过北京县级公共图书馆投入要素维度的得分，我们知道，县级公共图书馆基础设施投入一直处于上升趋势，2012 年前上升速度缓慢，之后上升速度有所增加，2015—2017 年上升速度最快。资金投入在 2004 年之前没有太大变化，2004 年之后开始阶段性增长，因为随着全国文化信息资源共享工程的实施，要求"以各级公共图书馆为实施主体"，建立"国家、省、市、县、乡五级图书馆网络"，扩大图书馆的辐射范围，开发、加工和整合数字化信息资源，向社会公众传送丰富的文化信息。大量数字化资源的开放和加工必然要求大量的资金投入。2005—2010 年增长缓慢，2011—2012 年又出现了快速增长，这是因为 2010 年国家图书馆启动了"县级图书馆推广计划"，全面提升县级图书馆的服务能力，使县级图书馆成为面向基层群众提供数字文化服务的重要阵地，所以对资金投入的需求相应增长。人力资源投入在经历了主要由全国文化信息资源共享工程实施带来的从 1996—2008 年较长时期增长后，从 2008 年开始呈缓慢下降趋势。

通过北京县级公共图书馆产出要素得分，我们可以看出，2004 年之前产出要素维度的三个指标在 2004 年之前都没有太大变化，随着全国文化信息资源共享工程的实施，2004 年后三个产出指标都呈明显的上升趋势，其中收益指标一直保持上升趋势；设施产出在2004—2012年保持了快速增长，其中2008年前增长速度较快，2008—2011年缓慢下降，2012年之后图书馆公共服务免费的建议促使设施产出与公众参与又出现新一轮快速增长；公众参与在经历了2004—2007年快速增长后，2007—2011年呈明显下降，从2011年开始呈上升趋势。

对于表5-22的评价结果，把投入维度和产出维度各指标得分汇总平均后进一步得到投入维度得分和产出维度得分，并用产出维度得分与投入维度得分的比值，表示投入产出效率，如果该比值大于1，说明北京县级公共文化服务的投入产出有效率，相反无效率，具体数据见表5-23。

表5-23 北京县级公共图书馆投入产出效率得分及排名

年份	投入指数	投入排序	产出指数	产出排序	投入产出系数	效率排名
2017	93.96	1	98.52	1	1.05	1
2016	90.39	2	88.62	2	0.98	3
2015	80.42	3	75.61	3	0.94	4
2014	78.10	4	67.33	4	0.86	8
2013	74.71	5	59.84	5	0.80	11
2012	69.68	6	55.84	8	0.80	10
2011	61.41	8	45.35	12	0.74	13
2010	59.24	9	50.43	9	0.85	9
2009	57.42	11	45.99	11	0.80	12
2008	63.03	7	57.78	7	0.92	6
2007	59.10	10	58.32	6	0.99	2
2006	53.06	12	49.60	10	0.93	5
2005	44.91	13	39.99	13	0.89	7
2004	25.67	17	3.21	20	0.13	19
2003	31.71	14	3.34	18	0.11	21
2002	29.87	15	5.52	15	0.18	17
2001	27.01	16	3.25	19	0.12	20
2000	25.61	18	3.45	17	0.13	18

续表

年份	投入指数	投入排序	产出指数	产出排序	投入产出系数	效率排名
1999	24.36	19	6.48	14	0.27	16
1998	19.13	20	1.82	21	0.10	22
1997	11.80	21	3.71	16	0.31	15
1996	0.13	22	0.08	22	0.59	14

通过北京县级公共图书馆的投入产出得分，我们知道，县级公共图书馆的投入产出系数只有2017年大于1，其余年份都小于1，即从投入产出系数来看县级公共图书馆的投入产出效率比较低。但从投入产出系数的变化趋势来看，投入产出系数在2004年之前变化不大，经历2005年的激增后，投入产出系数呈U形变化趋势，并且从2001年后呈持续增长，到2017年增长到最大值。县级公共图书馆的投入产出效率自2001年后一直在提高，从无效率状态提高到有效率状态。

5.2.3 省级和县级公共图书馆供给绩效的比较

图5-13至图5-16把北京省级公共图书馆和县级公共图书馆的供给绩效总指数、投入产出系数、投入指数和产出指数分布放在一起进行比较，根据四个图的特点，我们将分为三个阶段进行分析。

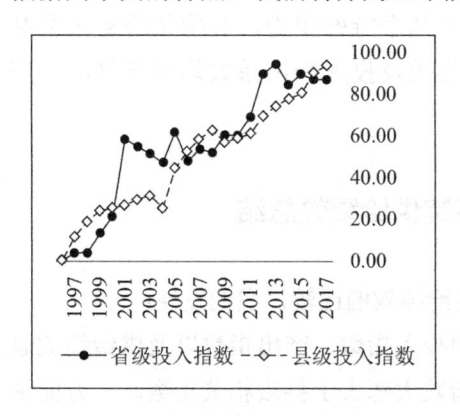

图5-13 省县级公共图书馆投入指数比较　　图5-14 省县级公共图书馆产出指数比较

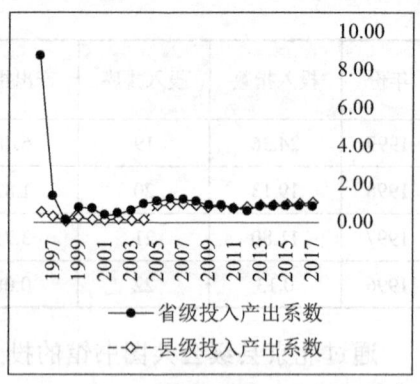

图 5-15　省县级公共图书馆供给绩效总指数比较

图 5-16　省县级公共图书馆投入产出系数比较

第一阶段：1997—2000 年和 2006—2008 年。这两个分阶段的县级投入指数都高于省级投入指数，但是县级产出指数却都小于省级产出指数，所以这两个分阶段的县级投入产出系数均小于省级投入产出系数。从总指数来看，1997—2000 年县级供给绩效总指数大于省级总指数；2006—2008 年的县级供给绩效总指数小于省级总指数。

第二阶段：2013—2017 年。2013 年以后，省级投入指数、产出指数、供给绩效总指数、投入产出系数都在下降，而县级相应指数一直在持续上涨，所以到 2016 年之后县级公共图书馆的投入指数、产出指数、总指数及投入产出系数均高于省级相应指数。

第三阶段：其他年份。除了以上几个特殊年份，其他年份省级公共图书馆的投入指数、产出指数、总指数及投入产出系数均高于县级相应指数。

5.2.4　省级和县级公共图书馆供给绩效总结

通过对省级和县级公共图书馆供给绩效的比较，我们发现：

第一，省级和县级公共图书馆的投入指数、产出指数以及供给绩效总指数都呈上升趋势，并且省级相关指数大都大于县级相关指数。一方面说明北京公共图书馆作为公共文化服务设施布局的重要一环，在北京相关政府部门对公共文化服务的重视下，正逐步趋于完善，通过增加投入，提高产出，尽可能地给市民提供优质的公共文化产品和服务；另一方面公共图书馆的投入主要依靠政府财政，所以省级和县级公共图书馆各指数的差异与政府财政是依赖型关系，省级财政实力相对区级财政实力雄厚，导致多数年份省级公共图书馆各指数大于县级各指数。

第二，省级和县级公共图书馆的投入产出系数都不高，多数年份都小于1。即在考察阶段的多数年份，省级和县级公共图书馆的投入指数大于产出指数，特别是前文提到的1997—2000年和2006—2008年，这两个阶段的县级投入指数都高于省级投入指数，但是县级产出指数却都小于省级产出指数，说明政府给予公共图书馆的大量投入没有相应的产出增加，并且基层的财政投入效率更低，投入的各种资源效率没有得到充分有效的发挥，存在资源的闲置和浪费。

第三，县级公共图书馆投入产出系数最终超过省级的投入产出系数。这跟地方政府的重视密切相关，从2011年起国家公共文化服务体系示范区和示范项目开始创建，到现在已经创建4批，前三批已经完成验收，北京市先后有4个区成为示范区，有8个区的项目成为示范项目。每个示范区和示范项目在建设、完成过程中都会得到各区政府的高度重视并伴随大量财政资金的投入，随之带来的是各区公共文化服务设施布局的逐步完善，并对各区的公共文化服务体系起到示范作用，从而不断提升各区的公共文化服务效能。

所以，在政府财政大量投入的情况下，省级和县级公共图书馆的供给绩效依然不尽如人意，应该考虑积极调动社会力量参与公共图书馆建设，提升公共图书馆的公共文化服务能力，也可以带动公共图书馆服务模式的创新，提升公共图书馆的服务质量。另外还需公共图书馆相关主管部门结合居民的需求，研究在信息化时代如何通过信息技术水平提升服务方式、手段，研究公共图书馆的信息、人员、技术交流和馆际合作，使更多的居民更方便快捷地享受到北京公共图书馆资源。

第 6 章
北京居民对公共文化服务的需求调查

为了贯彻十八届三中全会审议通过的《关于加快构建现代公共文化服务体系的意见》，2015 年北京市政府研究制定了"1+3"公共文化政策文件，明确提出构建北京"十五分钟文化服务圈"。那么该政策到底落实得如何？为了了解北京公共文化服务现状及居民对北京市公共文化服务的需求状况，本书对北京居民随机发放了关于公共文化产品服务现状的调查问卷，本次问卷的调查范围是北京市 16 个区的城乡居民，调查对象为在本社区居住一年以上的居民。本调查共发放问卷 494 份，最后有效问卷 396 份。

从调查对象的信息采集数据来看，本次调研的年龄层主要集中在 18～45 岁，该阶段人群正是文化消费的主力军，对公共文化产品服务有着强烈的需求及认同感，占总人数的 87.88%，18 岁以下的被调查者占总人数的 1.26%，46～69 岁的居民占总人数的 10.35%，69 岁以上的被调查者只占总人数的 0.51%。从性别来看，女性比例略高于男性，占 58.08%，但总体男女比例基本持平。从学历水平来看，大学本科学历者居多，占 72.89%，高中及以下的学历者只有 0.76%，中专及大专学历者占 10.86%，硕士及以上的学历者占 15.4%。从职业调查结果来看，企业工作人员最多，占总人数的 51.52%，其次是学生，占总人数的 19.7%，事业单位工作人员占总人数的 11.36%，退休人员和自由职业者各占总人数的 4.29%，政府部门、党政机关工作人员占总人数的 3.79%，私营业主占总人数的 1.52%。从整体数据来看，本次调研群体的信息结构较为均衡。

6.1 北京公共文化服务需求现状调查

（1）公共文化服务现状和需求调查分析

通过调查所在街道（乡镇）或社区（村）提供的公共文化设施或活动项目，居民认为提供的公共文化设施或活动项目排在前三位的分别是健身休闲场所、文化中心和文化活动室、老年人活动中心，分别占17.09%、14.36%和13.87%。而认为提供较少的排在最后三名的分别是文化辅导培训和讲座、公益演出和公益电影放映等、为残障人士提供的文化服务活动，其占比分别是5.08%、4.97%和4.31%。其他数据详见表6-1中提供的百分比。

那么，被调查者对哪些公共文化设施或活动项目感兴趣呢？调查结果显示：排名第一的是被调查者最感兴趣的健身休闲场所及设施，占到总人次的19.72%；排名第二的是公共图书室、电子阅览室，占到总人次的14.05%；排名第三的是文化中心和文化活动室，占比为13.43%；排名第四的是公益演出和公益电影放映，占比为8.85%；其他具体占比见表6-1中的需求意向百分比数据。而公益演出和公益电影放映这一活动在街道（乡镇）或社区（村）提供的公共文化设施或活动项目的调查结果排在倒数第二位，说明对于公益演出和公益电影放映的需求远远大于供给，相关部门应该重视对公益演出和公益电影放映这一需求的满足。

表6-1 被调查者感兴趣的公共文化设施或活动项目调查

所在街道（乡镇）或社区（村）提供的公共文化设施或活动项目	需求意向百分比	需求意向排序	供给百分比	供给排序
（1）文化中心、文化活动室	13.43%	3	14.36%	2
（2）公共图书室、电子阅览室	14.05%	2	10.60%	4
（3）公益演出、公益电影放映等	8.85%	4	4.97%	10
（4）文化辅导培训、讲座	5.43%	10	5.08%	9
（5）文化交流活动（阅读、影视节目展播等）	8.54%	5	6.77%	7
（6）公共场所阅报栏或电子阅报屏	6.37%	8	9.56%	5
（7）健身休闲场所及设施	19.72%	1	17.09%	1

续表

所在街道（乡镇）或社区（村）提供的公共文化设施或活动项目	需求意向百分比	需求意向排序	供给百分比	供给排序
（8）青少年活动中心	7.92%	6	7.32%	6
（9）老年人活动中心	5.51%	9	13.87%	3
（10）为残障人士提供的文化服务活动（如无障碍设施、盲文书籍等）	2.72%	11	4.31%	11
（11）节日民俗等弘扬传统文化活动	7.45%	7	6.06%	8
合计	100%	—	100%	—

（2）居民参与情况调查分析

根据北京公共文化服务设施或公共文化活动的提供情况，本书从国家级、市级、区级和基层四个层面分别调查了被调查者参加不同级别公共文化服务设施或公共文化活动的情况，具体数据见表6-2。调查结果显示，对于国家级、市级和区级的公共文化服务设施或活动，被调查者参加最多的是公共图书室和电子阅览室，对于国家级和市级，参与次数排第二的是文化中心和文化活动室，区级参与排第二的是健身休闲场所及设施，而在基层参加最多的是健身休闲场所及设施，排第二的是公共图书室和公益电影放映。其他具体排序情况见表6-2。从表6-2的排序结果可以看出，不同级别的政府部门提供的公共文化设施或活动的侧重点不同，居民参与的情况相应有所差别。对于国家级机构应该更侧重于提供大型文化活动场所或大型文化活动，而对于基层的机构，应侧重于提供方便群众参与的公共文化设施、场所等。

表6-2 不同级别机构提供公共文化服务设施或公共文化活动情况及排序统计

公共文化设施或公共文化活动	国家级选择排序	国家级比例	市级选择排序	市级比例	区级选择排序	区级比例	基层选择排序	基层比例
（1）文化中心、文化活动室	2	12.52%	2	13.00%	3	13.50%	3	13.58%
（2）公共图书室、电子阅览室	1	20.28%	1	17.91%	1	18.54%	2	13.67%

续表

公共文化设施或公共文化活动	国家级选择排序	国家级比例	市级选择排序	市级比例	区级选择排序	区级比例	基层选择排序	基层比例
（3）公益演出、公益电影放映等	5	10.43%	5	9.98%	5	8.55%	5	8.74%
（4）文化辅导培训、讲座	8	7.93%	8	7.36%	7	6.75%	9	5.86%
（5）文化交流活动（阅读、影视节目展播等）	3	11.85%	4	10.47%	6	8.37%	7	6.88%
（6）公共场所阅报栏或电子阅报屏	6	9.60%	6	9.16%	4	9.27%	4	8.93%
（7）健身休闲场所及设施	—	—	3	10.71%	2	14.22%	1	18.70%
（8）青少年活动中心	7	8.43%	9	6.62%	7	6.75%	6	8.19%
（9）老年人活动中心	9	3.76%	10	2.86%	9	3.33%	10	4.84%
（10）为残障人士提供的文化服务活动（如无障碍设施、盲文书籍等）	10	2.42%	11	2.62%	11	1.80%	11	2.51%
（11）节日民俗等弘扬传统文化活动	4	11.27%	7	7.52%	8	6.57%	8	6.33%
（12）其他	11	1.50%	12	1.80%	10	2.34%	12	1.77%
合计	—	100%	—	100%	—	100%	—	100%

为了方便居民参与公共文化产品服务，北京积极打造15分钟公共文化服务圈，居民感受如下：调查显示，82.32%的居民认为步行15分钟可以到达所在街道（乡镇）或社区（村）提供的综合文化服务中心、文体广场、公园、健身路径等公共设施，仍有17.68%的居民认为不能享受15分钟公共文化服务圈。由于北京不同城区的地理特点不同，我们将北京的16

个区县按照其地理区域的特点分成如下四个区域：（1）城区，东城区、西城区；（2）近郊，朝阳区、海淀区、丰台区、石景山区；（3）远郊，其他区县（其中又可分为2类：A.远郊平原包括通州区、顺义区、大兴区；B.远郊山区包括昌平区、房山区、门头沟区、怀柔区、平谷区、密云区、延庆区）。本书进一步分析不同地区的居民实现15分钟公共文化服务圈是否有差异？本书对两者的数据进行了交叉分析，图6-1的数据调查结果说明城区、近郊、远郊平原和远郊社区的被调查者，回答"是"的比例依次下降，回答"否"的比例依次在增加，也就是说越是城区的居民因为其周围公共文化设施的密集和便利，更容易到达，而越是远郊山区因为公共文化设施布局的原因，居民在15分钟之内到达的难度在增加。所以对于远郊地区如何科学合理地设置其公共文化服务设施布局，需要进一步进行科学研究。

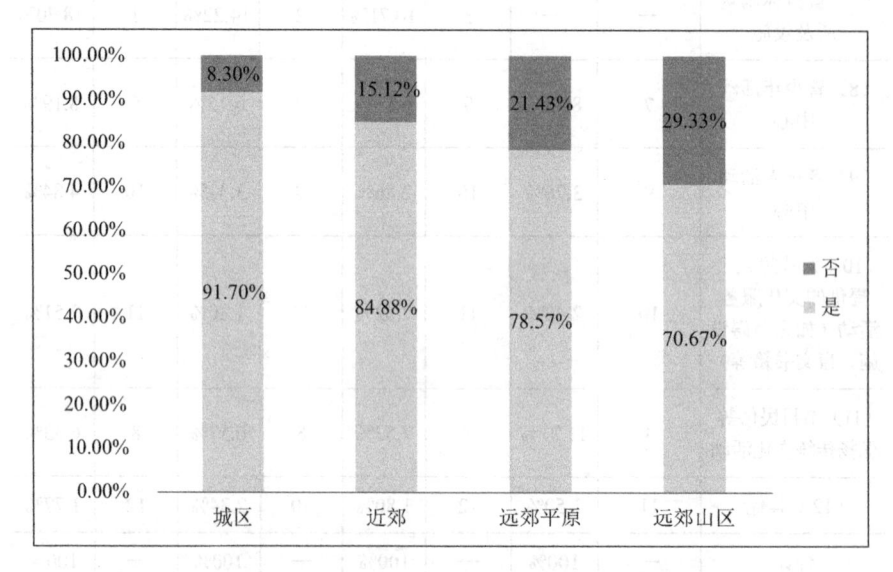

图6-1 不同地区居民实现15分钟公共文化服务圈调查统计

居民在参加公共文化服务活动时通过什么方式获取活动信息的呢？调查结果显示：对于国家级和市级的服务活动信息获取渠道，两者的选择排序完全一样，依次为微信公众号、文化云等数字平台、网络平台、广播电视、亲朋近邻告知、社区通或小区文字通知、书报杂志等。对于区级的信息获取渠道跟上面不同的是广播电视渠道排在倒数第二的顺序，而对于基层公共文化活动的信息获取渠道顺序为亲朋近邻告知、微信公众号、文化云等数字平台、社区通或小区文字通知、网络平台、广播电视、书报杂志等。调查结果表明由于网络或智能手机的普及，书报杂志信息获取渠道被排在了最后，对于基层以上的公共文化活动，居民首选数字平台或网络等公共平台获取相关信息，而对于基层公共文化活动信息，亲朋近邻告知、数字平台、社区通或小区文字通知是其重要的信息获取渠道。所以相关机构一定要优化微信公众号、文化云等数字平台以及网络平台的信息发布渠道，对于基层还要重视社区与居民之间的联系渠道。

目前影响被调查者参与公共文化服务活动的最大障碍是什么？调查显示，影响居民参与国家级和区级公共文化服务活动的前三大障碍虽然顺序稍微有所不同，但原因相同，分别是距离太远，不方便参加；参与机会少，报不上名；缺乏了解公共文化活动的相关渠道。影响居民参与区级和基层公共文化服务活动的前四大障碍也是顺序不同，但原因相同，分别是内容不吸引人，没有意思；缺乏了解公共文化活动的相关渠道；没有时间参与；参与机会少，报不上名。以上参与障碍中一个共同的原因是缺乏了解公共文化活动的相关渠道，对于区级和基层开展的公共文化服务活动，排在第一位的障碍是内容不吸引人，没有意思。所以居民如何获取公共文化活动的相关信息至关重要，没有其信息来源，其他关于公共文化活动的内容、时间等安排得再好，居民都无法了解，所以相关部门应该考虑统一不同级别公共文化活动的发布渠道，并通过宣传让更多居民了解并使用。另外还要逐步完善公共文化服务活动的内容，增加其趣味性，使其更符合居民的需求。

（3）公共文化服务设施或活动现存问题调查分析

那么目前不同级别机构提供的公共文化服务设施或活动还存在哪些问题呢？本书也做了相关调查，具体数据见表6-3。对于不同级别的机构提供的公共文化设施，所有被调查者认为最重要的问题是文化场馆或设施少，还有一个重要问题是设备陈旧破损，长期无人维护。对于基层以上公共文化机构还存在一个共性问题是开放时间不合理。国家级公共文化机构还有一个重要问题是文化场馆价格较高。这些问题的改善取决于资金投入这一重要的影响因素，所以相关政府部门在考虑持续增加财政投入以保障居民基本公共文化服务需求的同时，还应该通过服务购买等方式鼓励社会力量积极参与，保障公共文化服务供给体系所需经费的足额和高效使用。

表6-3　公共文化服务设施存在问题统计

公共文化设施存在的主要问题	国家级选择排序	国家级占比	市级选择排序	市级选择占比	区级选择排序	区级选择占比	基层选择排序	基层选择占比
（1）设施不齐全	6	10.50%	2	14.02%	2	15.37%	3	18.57%
（2）部分设施重复配套	5	11.49%	6	11.01%	6	9.07%	5	8.46%
（3）设备陈旧破损，长期无人维护	4	12.25%	3	13.46%	3	15.80%	2	19.76%
（4）文化场馆或设施少	1	19.80%	1	20.58%	1	23.27%	1	20.40%
（5）文化场馆或设施环境卫生不好	7	7.22%	7	8.12%	5	9.82%	4	11.31%
（6）文化场馆价格较高	2	16.08%	5	11.68%	7	6.83%	7	4.69%
（7）服务态度不好	8	5.58%	8	5.90%	7	6.83%	6	7.72%
（8）开放时间不合理	3	13.79%	4	12.57%	4	11.10%	6	7.72%
（9）其他	9	3.28%	9	2.67%	8	1.92%	8	1.38%
合计	—	100%	—	100%	—	100%	—	100%

目前不同级别的公共文化服务活动存在哪些问题呢？表6-4的调查数据显示，不同级别的政府部门组织的公共文化服务活动问题中，文化活动种类少、不丰富，以及文化服务内容吸引力不强，不符合群众需要是共性问题并且排名都在前三名。对于国家级公共文化活动，被调查者认为最重要的问题是参与机会少，报不上名；对于其他级别的公共文化活动，还存在的一些主要问题是缺乏文化服务组织以及文化服务宣传问题等。所以对于组织公共文化服务活动的相关机构来讲，一定要对调查结果进行反思，丰富文化活动的种类，并且从群众需求出发，对公共文化服务内容进行研究和设计。

表6-4 公共文化服务活动存在问题统计

公共文化服务活动存在的主要问题	国家级排序	国家级占比	市级排序	市级选择占比	区级排序	区级选择占比	基层排序	基层选择占比
（1）文化活动种类少，不丰富	3	14.54%	1	14.26%	2	14.19%	1	15.16%
（2）文化服务人才短缺	4	13.79%	5	11.41%	6	9.99%	4	12.50%
（3）缺乏文化服务组织	5	13.51%	3	12.92%	4	12.51%	2	13.91%
（4）文化服务水平较低、态度不好	8	7.46%	8	7.89%	7	8.31%	6	10.06%
（5）文化服务内容吸引力不强，不符合群众需要	2	14.91%	2	13.26%	1	14.61%	3	13.54%
（6）相关部门不重视公共文化服务	7	7.83%	9	7.55%	8	8.14%	7	9.39%
（7）文化服务宣传问题	4	13.79%	4	12.42%	3	13.60%	5	10.43%
（8）群众不积极参与	6	12.30%	6	10.57%	5	10.33%	8	8.73%
（9）参与机会少，报不上名	1	15.00%	7	8.64%	9	7.39%	9	5.10%
（10）其他	9	1.40%	10	1.09%	10	0.92%	10	1.18%
合计	—	100%	—	100%	—	100%	—	100%

那么居民希望政府加强哪些类型的公共文化服务活动呢？调查结果见表6-5，数据显示对于国家级公共文化服务活动，被调查者希望加强的前三项活动项目依次是公益电影放映、公益演出和文化交流活动；对于区级和市级公共文化服务活动，被调查者希望加强的前三项活动项目是公益电影放映、文化交流活动和文化辅导培训、讲座；而对于基层公共文化服务活动，希望加强的前三项活动项目是公益电影放映、阅读空间、技能知识培训。公益电影放映在所有级别的公共文化服务活动中都排在第一位，其次是文化交流和文化辅导培训、技能知识培训等，也就是说居民的文化需求已经不再满足于传统的读书看报、听广播等，居民的文化需求在升级，希望得到文化方面的相关培训，这一需求的转变应该得到政府部门的足够重视。

表 6-5 公共文化服务活动需要加强的类型统计

公共文化服务活动需要加强的类型	国家级排序	国家级占比	市级排序	市级选择占比	区级排序	区级选择占比	基层排序	基层选择占比
（1）公益演出	2	11.89%	4	9.90%	8	8.18%	6	8.46%
（2）公益电影放映	1	12.26%	1	12.72%	1	12.37%	1	12.60%
（3）文化辅导培训、讲座	6	9.54%	3	10.35%	2	11.26%	8	7.77%
（4）文化交流活动（阅读、影视节目展播等）	3	11.52%	2	11.95%	3	10.60%	4	9.72%
（5）技能知识培训活动	5	9.60%	6	9.32%	5	9.42%	3	9.84%
（6）组织文艺演出	8	8.85%	6	9.32%	9	8.05%	9	7.08%
（7）文艺骨干培训	10	5.14%	9	5.85%	10	6.02%	10	5.58%
（8）群众歌舞活动	9	6.19%	8	6.88%	6	8.77%	5	9.66%
（9）棋牌室	11	4.95%	10	4.88%	11	5.76%	5	9.66%
（10）阅读空间	7	9.35%	5	9.58%	4	10.27%	2	10.85%
（11）节日民俗等弘扬传统文化活动	4	9.97%	7	8.55%	7	8.64%	7	7.96%
（12）其他	12	0.74%	11	0.71%	12	0.65%	11	0.82%
合计	—	100%	—	100%	—	100%	—	100%

（4）参与公共文化服务活动的意见表达及满意度调查分析

居民对于公共文化服务活动的参与意愿很强，62.12%的被调查者表示愿意参加，33.33%的被调查者表示看情况决定，只有4.55%的居民表示不愿意参加。那么居民愿意参加什么性质的公共文化活动呢？30%的居民更愿意选择有趣味的公共文化活动，25%的居民希望公共文化活动能够免费，23%的居民希望相关活动能满足个人需求，最后希望该文化活动能为民众提供便利，占比22%。本书对职业影响因子和居民意愿参加公共文化服务活动的性质进行了交叉分析，结果显示公共文化服务活动是否有趣味性是所有被调查者首先考虑的问题。

本书还调查了居民对于收费性质公共文化产品服务的参与意向，有

第 6 章
北京居民对公共文化服务的需求调查

22.81%的居民希望参加技能培训类的公共文化服务活动，其次有17.06%的居民希望参加图书类的公共文化产品服务，还有16.21%的居民希望参加文化辅导培训类的公共文化产品服务，希望参加文艺演出类、民间文化活动、亲子类公共文化产品服务的占比依次为16.21%、16.12%和11.5%。通过对被调查者年龄和意愿参加收费性质公共文化活动进行了交叉分析，数据结果显示18～45岁和46～69岁的被调查者对技能培训类的公共文化活动参与意愿最强，所以相关部门应该重视居民在技能培训方面的需求，安排高质量的技能培训活动。

对于公众参与公共文化产品服务时的意见表达，本书也做了相应调查，对于政府准备提供公共文化产品服务时对居民意见的征求调查，44.95%的被调查者表示从来不会，28.28%的被调查者表示有时会，22.73%的被调查者表示不清楚，只有4.04%的被调查者表示一般会。对于政府对公共文化产品服务考核时对居民意见的征求调查，有45.2%的被调查者表示从来不会，33.33%的被调查者表示不清楚，26.77%的被调查者表示有时会，还有7.32%的被调查者表示一般会。不管是政府提供公共文化产品服务还是对其考核，都有接近50%的调查者表示政府不会征求他的意见，所以在政府提供公共文化产品服务的过程中，居民表达意见的机会一般比较少。

那么，居民是否就公共文化服务向当地政府提过意见或建议呢？调查数据显示80.56%的居民没有提过意见或建议，只有19.44%的居民提过意见或建议。那么居民没有向当地政府提过意见或建议的原因是什么呢？58.31%的被调查者表示不知道给谁提；30.41%的居民不知道提什么，因为居民不知道政府应该提供什么样的公共文化产品服务，还有11.29%的被调查者表示提了政府也不会理睬。此调查结果表明政府对于公共文化产品服务的宣传还不到位，接近三分之一的被调查者不知道哪些产品服务是公共文化产品服务的范畴，还有超过一半的被调查者不知道公共文化产品服务的主管部门是谁，应该向谁提出意见或建议。

居民对于目前北京提供的公共文化服务的满意度如何呢？对于目前北京公共文化服务活动的信息化或数字化水平（场馆数字化、图书自动借阅机、手机公众号及各类App等）的满意程度，52.02%的被调查者的满意程度为一般，31.82%的被调查者表示比较满意，11.11%的被调查表示不太满意，非常不满意的占比为3.54%，只有1.52%的被调查者表示非常满意。非常满意和比较满意的被调查者占到三分之一，其余三分之二的被调查者对于公共文化服务的信息化或数字化水平的满意程度都不高。但是通过对被调查者年龄与公共文化服务的信息化或数字化的满意程度进行了交叉分析，发现18～45岁的居民对公共文化服务的信息化或数字化的满意程度普遍比46～69岁居民的满意程度高，具体数据见表6-6。这可能跟不同年龄的群体对智能化工具、信息化媒介使用的熟练程度有密切关系。所以相关政府部门可以考虑对年龄较大的居民通过社区公共文化活动提供相应培训，以提高居民对其信息化或数字化水平的满意度。而且不同区的居民对公共文化服务的信息化或数字化水平应该有所不同，本书把不同区的居民与公共文化服务的信息化或数字化水平的满意程度进行了交叉分析，并计算了其满意度，结果显示城区、近郊、远郊平原和远郊山区居民的平均满意度分别为3.27、3.21、3.16和2.96（对于非常不满意、不太满意、一般满意、比较满意和非常满意5个级别分别设置1、2、3、4、5为其权重，然后通过加权平均计算满意度）。也就是说城区居民的满意度明显高于远郊山区居民的满意度，这个结果符合我们通常所说的城乡公共文化投入不均衡导致公共文化服务水平不同，其中包括公共文化服务的信息化或数字化水平。

表6-6 被调查者年龄与公共文化服务的信息化或数字化水平满意程度的交叉分析统计

年龄\公共文化服务的信息化或数字化水平的满意程度	非常不满意	不太满意	一般	比较满意	非常满意	小计
18岁以下	1（20%）	0（0.00%）	3（60%）	1（20%）	0（0.00%）	5
18-45岁	8（2.30%）	36（10.34%）	183（52.59%）	116（33.33%）	5（1.44%）	348
46-69岁	4（9.76%）	7（17.07%）	20（48.78%）	9（21.95%）	1（2.44%）	41
69岁以上	1（50%）	1（50%）	0（0.00%）	0（0.00%）	0（0.00%）	2

对于目前北京公共文化设施和服务的总体满意情况的调查，46.97%的被调查者的满意程度为一般，39.65%的被调查者表示比较满意，9.34%的被调查者表示不太满意，还有1.77%的被调查者表示非常不满意，非常满

意的占比只有 2.27%。比较满意和非常满意的占比为 41.92%，说明居民对北京市公共文化设施和服务的总体满意程度还可以，相关部门应该就居民不满意的内容进行深入调研，以提升北京市公共文化设施和服务的总体满意程度。

6.2 北京公共文化服务现存的问题总结

根据对北京市公共文化产品服务的问卷调查分析，我们可以进一步总结北京公共文化服务现状的一些问题。

（1）公共文化服务投入不足及城乡分布不均衡

通过调查不同级别机构提供的公共文化服务设施存在的问题，我们知道所有被调查者认为最重要的问题是文化场馆或设施少，还有一个重要问题是设备陈旧破损，长期无人维护。调查结果表明北京市相关部门对公共文化产品服务的财政投入虽然近年来在持续增加，但依然不能满足居民的需求。

通过调查不同城区居民是否在 15 分钟内享受到公共文化服务圈，知道城区居民在 15 分钟内能到达的比例要高于远郊区居民，越是远郊区的居民，不能在 15 分钟内到达的比例越高。这个调查结果一方面说明城区公共文化产品服务的密集度和便利度要高于郊区，另一方面说明有些公共文化产品服务的布局不太合理，居民使用不太方便。并且通过调查结果我们知道远郊区居民对公共文化服务的信息化或数字化水平的满意程度，以及公共文化服务的总体满意程度都比城区居民低，这也是城乡居民对城乡公共文化产品服务分布不均的一个直接评价。

（2）居民的公共文化服务需求升级，不满足目前提供的公共文化产品服务

通过对北京不同级别公共文化产品服务存在重要问题的调查，我们知道公共文化活动种类少、不丰富，以及文化服务内容吸引力不强，不符合群众需要是共性问题并且排名都在前三名。对于居民参与公共文化服务活动的障碍调查也显示，居民认为内容不吸引人、没有意思是影响其参与公共文化服务活动的一大障碍。根据居民希望政府加强哪些类型的公共文化服务活动的调查显示，除了公益电影放映，居民希望政府部门加强文化交流和文化辅导培训、技能知识培训等。调查结果说明政府部门目前提供的公共文化服务活动的供需不匹配，呈现供给不足或无效供给的特点，不能很好地满足居民的需求；另外居民对公共文化产品服务的需求偏好正在升级，他们已经不再满足于读书看报、看电视、听广播这样的基本文化需求，他们对文化交流和技能培训这样的文化需求正在上升。所以相关政府部门应该重视居民的需求变化，及时调整供给结构以更好地满足居民的需求。

（3）居民的文化需求没有充分体现

通过调查居民对于各社区公共产品的服务供给和需求的调查，我们知道居民对公益演出和公益电影放映的需求非常高，而相关部门对公益演出和公益电影的放映远远不能满足这一需求。另外，通过调查不同年龄段居民对于收费性质公共文化产品服务活动的需求，我们知道处于工作年龄阶段的居民都非常重视技能培训类和文化辅导培训类的公共文化产品服务，而政府目前在这一方面的供给还不能很好地满足居民的需求。调查结果还表明政府在提供公共文化产品服务或者对公共文化产品服务进行评价时，并没有广泛听取当地居民的意见，政府在供给公共文化产品服务时具有一定的主观性和随意性。而政府提供公共文化产品服务的目的是满足居民的基本文化需求，这就要求相关政府部门应该充分考虑居民的需求，有的放矢地提供有关产品服务。

（4）公共文化服务活动的宣传不到位

通过调查居民对于政府提供的公共文化产品服务的参与过程和参与程度，我们知道接近三分之一的被调查者不知道哪些产品服务是公共文化产品服务的范畴，还有超过一半的被调查者不知道公共文化产品服务的主管部门是谁，应该向谁提出意见或建议。到目前为止虽然政府在公共文化产品服务的提供方面已经做了很多工作，但居民对于最基本的公共文化产品服务是什么、谁提供等基本问题还不清楚的话，居民对于公共文化产品服务的参与、使用、评价和监督更无从谈起。所以政府应该就其在公共文化产品服务方面所做工作进行广泛大量的宣传，以便居民充分地参与和监督。

（5）公共文化服务活动的信息获取渠道不畅

通过调查居民参与公共文化服务活动的障碍，我们知道对于不同级别的部门提供的公共文化服务活动，缺乏了解公共文化服务活动的相关渠道在所有障碍选项中排在前三位。另外，通过对参加公共文化活动时获取信息渠道的调查，我们知道被调查者绝大多数会首选数字平台或网络等公共平台获取相关信息，而现在北京市有关公共文化服务活动的相关数字平台或网络等公共平台没有一个统一的发布渠道，各区有自己的文化服务网络平台，如海淀公共文化服务数字平台、西城文化云、东城区公共文化云平台等，北京市有北京文化信息资源共享平台、北京数字文化馆等平台；国家层面还有国家公共文化云、国家数字文化网等。各种关于公共文化的数字平台来源众多，居民可能需要通过不同的平台获取有关公共文化活动的信息，而且各种文化云的建设主体不同，造成各平台的地址不统一、不规范，有些数字平台还存在部门内容无法访问的状况，这就为居民获取公共文化服务活动信息带来了不便。所以相关部门应该考虑对不同级别、不同地区的公共文化数字平台进行顶层设计，统一并规范其使用，科学组织相关内容并通过宣传让更多居民了解并使用。

6.3 改善居民公共文化服务需求的有关建议

（1）拓宽资金来源渠道，推进公共文化服务均衡协调发展

财政投入是影响公共文化服务供给能力的一个决定性因素，北京不同城区之间、城乡之间由于经济发展水平的差异，造成其财政收入差异也较大，最终结果是基层以及农村地区的公共文化服务投入不足，相关政府部门一方面可以通过完善财政转移支付制度，重点扶助贫困地区或重点增加农村公共文化产品供给；另一方面需要政府部门在持续增加财政投入的基础上，拓宽资金来源渠道，引导社会资本、公益众筹等资金参与到公共文化事业中，补充政府在基层和农村公共文化产品服务供给的不足，如对于人口密集度不高的偏远地区和农村地区，可以引导社会资本提供流动设施来优化公共文化产品的空间布局，解决其供给不足问题。以促进不同区域或城乡之间公共文化产品的均衡协调发展，保障基层居民和农村居民也能享受到基本的公共文化服务。

（2）健全居民的文化需求表达机制，实现公共文化产品服务的有效供给

公共文化产品服务的有效供给意味着相关政府部门应该在了解居民对于公共文化产品服务需求的基础上进行有针对性、高质量的供给，即居民需要什么我们就提供什么，让居民"点单"，而不是政府"制定菜单"，政府提供什么居民就接受什么。所以政府部门作为公共文化产品服务的供给主体，应该健全居民的需求表达机制，充分了解居民的需求，并赋予居民更多的知情权、选择权、监督权等，树立公民参与公共文化的主体意识，认识到其有参与公共管理的基本权利，将公共文化产品服务的选择权交给居民，根据居民的需求提供相关公共文化产品服务。为此需要提供相关渠道让居民表达其需求，目前公共文化服务的网络平台很多，我们可以在顶层设计的基础上统一这些数据平台，通过大数据精准地了解并掌握居民对公共文化服务的需求，形成以居民需求为基础的有效和精准供给。

（3）加大公共文化服务活动的宣传力度

提高居民对公共文化服务活动满意率的前提是这些公共文化服务活动必须得到居民的关注与支持，这就需要居民首先得知道政府举办了哪些公共文化服务活动、什么时间举办的？所以相关政府部门需要有意识地加强对公共文化服务活动的报道和宣传，要综合利用微信、微博、网络、公共文化服务云平台等新兴媒体平台进行宣传，搭建快捷的宣传平台，建立有效的沟通渠道，提升相关活动的知晓度，提高居民的参与度，激发居民参与公共文化活动的积极性，居民的关注和参与就是对政府举办公共文化活动最大的支持，最终实现供需有效对接。

(4) 对公共文化服务数字平台进行顶层设计

目前不同级别的政府部门都有自己的公共文化服务数字平台，造成公共文化服务平台存在不规范、不统一、不完善，或者停止运营等问题，虽然国家层面有国家公共文化云数字平台，但是也存在服务类目设置不清晰、内容繁杂等问题，所以需要有关部门对各种级别以及不同来源的公共文化数字平台进行资源整合，对相关数字内容进行系统化的规范建设，能使居民在一个数字平台对接不同的公共文化云数字平台，能够快速搜索并定位自己所需要的服务内容；同时，公共文化服务的供给主体也能够通过此数字平台精准了解居民的消费需求，并实现公共文化服务精准配送，将居民的文化需求迅速变成现实，真正实现以消费需求为导向的公共文化服务有效供给，实现公共文化服务模式的创新。

第 7 章
北京公共文化服务的供需耦合协调测度

前文分别研究了北京公共文化服务的供给和需求调查情况，为了进一步了解北京公共文化服务供需耦合情况，本书把北京公共文化服务的供给和需求结合起来进行分析，构建了供需耦合协调模型，通过搜集北京公共文化服务 1996—2017 年的相关指标数据，测算了 1996—2017 年北京公共文化服务供给和需求的耦合度和耦合协调度，以准确把握目前的供需耦合协调的特征和演变规律，为北京公共文化服务有效供给提供数据支持和对策建议，以促进北京公共文化服务的长足发展。

7.1 数据来源和研究方法

7.1.1 数据来源和处理

为了保持研究内容的前后一致性，本研究对北京公共文化服务需求的测度指标选择，前文对北京公共文化服务供给绩效进行动态评价时使用的公众参与指标中的四个指标，即公共图书馆总流通人次、博物馆参观人次、群众文化机构培训人次、艺术表演团体演出观众人次；对于北京公共文化服务供给的测度指标，选择对北京公共文化服务供给绩效进行评价时使用的公共文化设施投入指标和公共文化人力资源投入指标，即公共图书馆建筑面积、群众文化设施建筑面积、艺术表演团体建筑面积、博物馆建筑面积、公共图书馆从业人员数量、群众文化机构从业人员数量、博物馆从业人员数量和艺术表演团体从业人员数量。这些指标相关数值来源于中国统计年鉴、中国文化文物统计年鉴。对数据的处理先用极差法对各指标的原始数据进行标准化处理，取值范围为 [0,1]，因为取值为 0 的数据无法取对数，所以对取值为 0 的数据进行数据平移处理，为了减少这种平移带来的偏差并使其最小化，平移值设定为 0.001。然后利用熵值法计算各指标的权重，见表 7-1。

表 7-1 北京公共文化服务供需耦合系统的指标权重统计

耦合系统	评价指标	权重
公共文化服务需求系统	公共图书馆总流通人次	0.219
	博物馆参观人次	0.29
	群众文化机构培训人次	0.334
	艺术表演团体演出观众人次	0.156
公共文化服务供给系统	公共图书馆建筑面积	0.138
	博物馆建筑面积	0.134
	群众文化设施建筑面积	0.039
	艺术表演团体建筑面积	0.098
	公共图书馆从业人员数量	0.052
	博物馆从业人员数量	0.194
	群众文化机构从业人员数量	0.571
	艺术表演团体从业人员数量	0.287

7.1.2 研究方法

本书用耦合协调度方法测度北京公共文化服务供给和需求之间的协调关系。耦合一词源于物理、电子领域，强调两个系统相互作用的紧密程度。耦合协调度主要用来描述两个或两个以上的系统之间的相互作用关系和协调发展状况,可以反映系统之间的相互依赖相互制约程度。耦合协调度模型需要分别计算耦合度 C 值、协调指数 T 值和耦合协调度 D 值,具体计算过程如下。

第一,分别计算需求系统和供给系统的综合评价值。公式为 $U=\sum\varepsilon_i u_i$,其中 ε_i 表示每个系统各指标根据熵值法计算的权重,u_i 表示每个系统各指标经过标准化处理后的指标值。

第二,根据耦合度公式计算耦合度 C 值。具体公式为 $C=\left[\dfrac{U_d\times U_s}{(U_d+U_s)^2}\right]^{1/2}$,其中 U_d、U_s 分别表示需求系统和供给系统的综合评价值,耦合度 C 的取值范围为 [0,1],该数值越大,表明供需系统之间的联系越密切,相互作用关系越强,当 $C=1$ 时,供需系统的耦合度达到理想状态,表明系统将向新的有序结构发展。

第三,计算协调指数 T。$T=\alpha U_d+\beta U_s$,α、β 为两个待定系数,因为把公共文化服务的需求和供给放在同样重要的程度考虑两种关系,所以这两个系数的取值都为 0.5。

第四,计算耦合协调度。具体公式为 $D=(C\times T)^{1/2}$。D 的取值范围也是 [0,1],当取最小值 0 时,表明耦合协调度最小,系统转向无序发展,当其取值为最大值时,耦合协调度最大。当其取值在 0 到 1 之间时,根据其数值大小划分的耦合协调度等级见表 7-2。

表 7-2 耦合协调度等级划分标准

D 值区间	协调等级	耦合协调度	D 值区间	协调等级	耦合协调度
(0,0.1)	1	极度失调	[0.5,0.6)	6	勉强协调
[0.1,0.2)	2	严重失调	[0.6,0.7)	7	初级协调
[0.2,0.3)	3	中度失调	[0.7,0.8)	8	中级协调
[0.3,0.4)	4	轻度失调	[0.8,0.9)	9	良好协调
[0.4,0.5)	5	濒临失调	[0.9,1.0]	10	优质协调

7.2 北京公共文化服务的供需耦合协调测度

根据北京公共文化服务系统和供给系统相关指标的数据，计算出北京市公共文化服务供需耦合协调度结果见表 7-3。

表 7-3 北京公共文化服务供需耦合

年份	需求系统综合评价值 U_d	供给系统综合评价值 U_s	耦合度 C	耦合协调度 D	协调等级
2017	0.81	0.98	0.50	0.67	初级协调
2016	0.71	0.70	0.50	0.59	勉强协调
2015	0.65	0.57	0.50	0.55	勉强协调
2014	0.58	0.51	0.50	0.52	勉强协调
2013	0.56	0.48	0.50	0.51	勉强协调
2012	0.49	0.47	0.50	0.49	濒临失调
2011	0.44	0.31	0.49	0.43	濒临失调
2010	0.49	0.26	0.48	0.42	濒临失调
2009	0.40	0.26	0.49	0.40	濒临失调
2008	0.45	0.24	0.48	0.41	濒临失调
2007	0.36	0.27	0.49	0.39	轻度失调
2006	0.25	0.17	0.49	0.32	轻度失调
2005	0.22	0.18	0.50	0.32	轻度失调
2004	0.27	0.13	0.47	0.30	轻度失调
2003	0.10	0.16	0.48	0.25	中度失调
2002	0.11	0.16	0.49	0.26	中度失调
2001	0.24	0.08	0.43	0.26	中度失调
2000	0.11	0.09	0.50	0.22	中度失调
1999	0.14	0.07	0.47	0.22	中度失调
1998	0.03	0.07	0.46	0.15	严重失调
1997	0.12	0.10	0.50	0.23	中度失调
1996	0.31	0.05	0.35	0.25	中度失调

7.3 供需耦合协调测度特征和结果分析

（1）北京公共文化服务体系的供需系统相互作用程度有好转趋势，但不明显。从耦合度的数值变化趋势来看，该值呈逐年上升趋势，但是数值变化不明显，说明北京公共文化服务体系的需求系统和供给系统之间相互作用程度在加大，但是不明显。并且从2012年以来数值都为0.5，是所有耦合度的最大值，而这正好跟北京公共文化服务体系的历史发展不谋而合，2011年以后北京的公共文化服务体系到了全面深化时期，党的十八大、"国家公共文化服务体系示范区"的建设、政府的重视、供给侧改革等，都会使需求系统和供给系统之间的相互作用加强，改变原来的较低水平的耦合，并且最大耦合度说明两者刚刚出现相互制衡和配合的特征，离有序发展的高水平协调还有很长的距离。

（2）北京公共文化服务系统属于供给滞后型。从需求系统和供给系统的综合评价值来看，数值都在增加，并且除2017年以外，其他年份的需求系统综合评价值都大于供给系统的综合评价值。表明北京公共文化服务系统的供需结构失调，并且居民对公共文化服务的需求大于供给，属于供给滞后型。仅是2017年数值的好转呈现不确定性和不稳定性。

（3）北京公共文化服务体系的供需耦合协调度呈上升特征，但仍有较大提升空间。耦合协调度数值由原来的0.25增加至0.67，由最初的中度失调向初级协调发展，这是现代公共文化服务体系的一个重要转变。从其具体数值来看，增长趋势明显，但多数年份都属于失调状态，从2013年起转为勉强协调，2017年为初级协调。这个结果得益于公共文化服务保障法、"1+3"公共文化服务政策、公共图书馆法等一系列政策的实施，他们强调丰富公共文化服务的内容和手段、注重提升服务效能、完善运行和保障机制，使公共文化服务供给得到优化，并越来越重视居民的需求，供需实现了供需耦合协调度的大幅提升，一定程度上是供需方开始沟通、协调的一个体现。但两者此时是初级协调状态，目前的供需协调度还不高，需要持续提升向中度协调、良好协调演进，使公共文化服务的供需系统在高水平上相互促进。

7.4 北京公共文化服务发展的相关建议

北京公共文化服务供给现状是其供需耦合交互作用的结果，通过耦合协调模型探索并定量测算供需耦合的相互关系，可以为北京公共文化服务体系供需关系的协调提供新的思路和重要参考。

前文分析得知公共文化服务供给跟需求相比较，属于供给滞后型，而政府的财政投入又在持续增加，所以公共文化服务出现了无效供给，据此政府部门应该通过提高公共文化服务有效供给，使供给向需求耦合，实现供需耦合协调度的提高。

第一，需要改变仅对上级考核负责的公共文化服务供给方式。我国构建现代公共文化服务体系的指导原则是政府主导，近年来在各级政府部门的重视下，我国公共文化服务体系确有飞跃式发展，但是其中出现的各种问题也必须关注。如一些农村书屋所购图书按照上级部门对种类、数量等的考核要求购买，不考虑是不是当地居民所需，导致财政投入在增加，居民的需求却得不到满足，它的存在更大意义是为了迎接上级部门的考核和检查。这种结果一方面是因为上级政府部门对公共文化服务供给标准化的要求过细导致供需错位；另一方面对地方政府的考核标准仅体现了上级政府的要求，没有考虑居民的需求，自然会出现仅对上级政府考核负责的公共文化服务供给方式。所以要改变上级政府权威对公共文化服务供给的重要影响，重视居民在公共文化服务体系中的话语权。

第二，通过数字信息技术升级供给平台，精准了解居民的文化需求。国家基本公共文化服务指导标准的建立是为了解决公共文化服务在城乡、不同群体以及不同区域等的不平衡，实现均等化基本公共文化服务供给。但是北京作为全国文化中心，公共文化服务体系已经实现了15分钟文化服务圈，居民的基本公共文化需求已经得到满足，而北京作为一线城市多元化的文化生活决定了居民的公共文化服务需求越来越具有多元化、个性化的特征，而数字信息技术的发展为了解居民个性化需求提供了可能性，所以政府部门应该通过人工智能技术、大数据等真正了解居民对公共文化服务的精准需求，提高有效供给，以居民的幸福感和获得感为目标使供给向需求耦合，提高供需耦合协调度。

第三，建立多元主体的供给模式向多元化的需求耦合。政府主导的财政投入供给模式，更多兼顾的是基本公共文化需求，重视公平和均等，对于居民日益增长的多元化文化需求，应该通过政府购买或引导社会力量参与等方式形成多元化供给模式来满足，做到数量上广覆盖、质量上高品质、布局上科学公平，使供给向多样化、个性化、多层次的需求耦合。

第四，建立强调居民参与的公共文化服务供给体系。公共文化服务的有效供给以充分了解居民需求为前提，居民作为公共文化服务的对象，作为公共文化服务的需求方，参与公共文化服务体系的建设应该具有天然的合理性，所以公共文化服务供给的全过程都应该重视居民的参与，即从资金筹集—资金使用—评价体系—效果监督等方面构建完整的链条，建立强调居民参与的约束机制。一方面，居民作为需求表达者的参与有利于政府完善供给，满足居民的需求；另一方面，居民在参与中会潜移默化地变成文化的传播者和生产者，既能营造良好的文化环境和氛围，还能通过主动创造满足自身的需求，形成自觉耦合模式，促进公共文化服务的供需耦合走向均衡。

第 8 章
公共文化服务供给的国际借鉴

北京定位为"全国政治中心、文化中心、国际交往中心、科技创新中心"。"四个中心"的功能定位意味着北京的公共文化服务在全国起到示范引领作用,所以应该借鉴国际上比较成熟的公共文化服务供给体系,以期对北京的公共文化服务供给提供启示和借鉴。以美国的公共文化服务为例,从总体上分析其在公共文化服务供给中的一些特点,并对美国公共图书馆在婴幼儿阅读服务中的经验进行总结。

8.1 美国公共文化服务供给的特点

(1) 社会运作型公共文化管理模式

美国作为一个重视"自由"的国家,认为政府减少对文化的干预可以保持文化多样性和文化自由,所以美国不设立统管文化事业的主管部门,而是通过市场机制提供公共文化服务,主要靠非政府组织、机构或者公民自治进行管理,政府主要负责公共文化管理的立法及政策制定。因此,美国对公共文化的管理属于社会运作型服务模式,是"松散管理"的典型代表。

美国的公共文化服务运行体系由国家委托不同层次的专业团队构成。一是联邦公共文化机构,美国通过议会立法设立了国家艺术基金会、国家人文基金会以及博物馆与图书馆服务署等非营利性中介机构,他们对公共文化事业没有行政管辖权,只是代表政府协调和资助公共文化事业,通过拨款等形式支持政府的公共文化事业。二是州和地方政府文化署,他们也不参与具体的公共文化项目，仅负责发放政府直接补贴，鼓励和引导民众参与公共文化，以提高民众的文化素养、艺术欣赏能力等。公共文化事业的具体组织实施是州和地方政府的文化或艺术委员会。三是民间文化组织或机构，如公益性文化机构、文化协会、各类基金会、文化公司等，他们负责公共文化产品和服务的直接生产和供应，政府会对他们提供技术支持和监管，并且通过民众的满意率调查评估其服务水平，形成对公共文化服务提供者的有效监督。

美国政府对公共文化事业的管理主要通过法律法规形式实现。美国《联邦税法》等规定，非营利性文化团体和机构免征所得税，并且减免资助者的税额。《国家艺术及人文基金会法》创立了国家艺术基金会和国家人文基金会，并保证政府每年拿出相当比例的资金投入公共文化事业。

（2）健全的公共文化服务设施

美国高度发达的市场化使它的公共文化服务供给水平在全世界发展最快也最发达，美国的公共文化服务设施供给如公园、体育场馆、图书馆、博物馆等基本实现全覆盖，几乎遍布了美国所有的社区、学校、街道、企业等。以图书馆为例，当前美国图书馆总量有十万余座，其中公共图书馆占90%左右，平均2000多人就拥有一座图书馆建筑，以纽约为例，纽约的公共图书馆平均每平方公里内有2.5个，每个社区3.3个，偏远社区也达到两个左右。图书馆除了传统的借阅服务，还提供教育、培训、演讲、演出、放映及对弱势群体的关注等多元的综合性文化服务。如纽约的公共图书馆每年提供万余场次的课程，图书馆会对一些特殊群体提供免费的英语课程。美国的博物馆是非营利性质的公益性机构，其数量在全世界也遥遥领先，给社会公众提供免费或低价服务，提供的服务有展览、教育、培训、放映等。如纽约的博物馆经常实行一周一天免费的服务，有些博物馆对任何数额的捐赠者还会免费提供一张门票。美国的公园也会提供健身、保龄球、乒乓球、露天演出、音乐剧等免费娱乐设施和活动供民众使用或参与。大量公共文化服务设施形成了美国多样化、高质量、全覆盖的公共文化服务体系。

(3) 多元化的社会力量参与

①资金投入多元化

有关数据显示，美国公共文化服务的经费，50%来自各类文化主体的收入，43%来自社会上的资助，仅有7%来自政府的资助，其中捐赠是美国社会各类组织经费来源的重要渠道，这是因为美国拥有健全的法律保障，给捐赠者提供税收减免等一系列优惠，如联邦税收法案规定，对赞助非营利文化艺术团体的公司、企业和个人，其赞助款可免缴所得税，这些税收减免等优惠政策刺激和鼓励大量社会资金和捐赠资金投入公共文化服务中，从而实现公共文化服务的资金投入多元化。

美国国家艺术基金主要通过基金拨款加文化组织配套拨款的方式给文化组织提供资金，它对美国文化事业经费的贡献不到1%。一般国家艺术基金向文化组织拨款10美元，文化组织需要从政府以外的渠道获取7～8倍的配套资金，国家艺术基金的拨款只是提高了文化组织的可靠性和知名度。

美国的非盈利性质文化组织的资金来源除私营部门捐赠、公共部门提供的资金外，还有一部分重要的是票房收入，这些共同组成其收入来源。其中票房收入和私营部门的捐赠是其主要收入来源。

在多元资金的资助下，美国形成了政府引导投入、机构自筹、社会赞助的多元化资金投入模式，极大地推动了美国公共文化的自由发展。全美有1.5万个文化艺术团体常年活跃在艺术舞台上，全美每年举行1000多个不同类型的文化艺术节。

②供给主体多元化

美国公共文化服务是政府、文化机构和非政府组织共同参与的多元化供给主体共同治理模式，各供给主体各司其职，共同完成公共文化服务供给。其中介于政府和市场之间的公共文化机构是推动共同治理模式运行的重要力量，他们通过资助拨款方式代表政府支持和发展公共文化事业，并对各类文化活动的开展进行评估、咨询、策划、审核等。政府部门主要通过完善的法律法规、经济政策实现对公共文化事业的调控。各类民间组织或团体是公共文化服务的提供者，他们提供给社会的文化服务以公众满意为导向，并接受政府的绩效评估，最终形成公共文化服务供给主体多元化的服务格局，使得美国公共文化事业蓬勃发展。

（4）庞大的志愿者组织

美国有深入骨髓的志愿精神和极具特色的志愿者文化，所以政府部门也倡导志愿精神并重视对志愿者的培养，已经形成成熟的志愿者服务体系。政府通过《志愿服务法》《社区服务法》及其他相关法规给予志愿者组织免税优惠，鼓励志愿服务，所以美国的志愿服务工作非常普遍，有半数以上的美国人参与过志愿服务队伍。另外，美国政府还注重对青少年进行"志愿者意识"的培养，美国政府规定申请政府助学金的高中生需要在当地社区组织至少工作两年，志愿工作时间也是升学的一项重要参考，对于志愿工作时长较长的青少年给予现金鼓励作为大学学费或职业培训费用。各个公共文化机构也对志愿者的培训时间有严格要求，并且经过严格的考试才能开展志愿服务。美国庞大且有较高治理水平的公共文化志愿服务队伍给美国公共文化服务提供了人力资源组织支持，促进了公共文化活动的多样性和丰富性，提高了公共文化服务覆盖的广度和深度。

（5）广泛建立的理事会制度

理事会制度被广泛应用于美国公共文化领域，是图书馆、博物馆等公共文化机构的最高权力机构，对这些组织的战略方向、重大决策等进行决策和管理，体现了所有权和管理权的分离。理事会成员来源于不同的领域，有不同领域的专家，还有社区和公众的参与，充分体现决策的专业和民主，有助于提高公共文化服务的水平和质量。理事会制度有助于公共文化的多元化、民主化以及长期化发展。

8.2 美国公共图书馆家庭婴幼儿阅读服务的典型案例

美国公共图书馆非常重视低幼儿童的早期阅读，早在1965年美国就通过"起飞计划"关注贫困家庭儿童的早期学习等服务。目前美国各个图书馆都有针对低幼儿童的馆藏资源、专门空间以及专业人员的服务，已经形成了较为完善的体系，培养婴幼儿的阅读兴趣、阅读习惯和阅读能力。

各公共图书馆提供的丰富多彩的服务主要有：种类繁多的儿童读物，如绘本、图画书、儿童歌曲等，让孩子们在阅读中激发阅读兴趣；提供专门的儿童阅读区，并配有玩具、音乐等，使阅读更有趣；举办亲子阅读活动，让家庭参与其中，引导家长成为孩子的第一任老师，促进家长对图书馆资源和技术的利用；设立学龄前儿童阅读俱乐部，举办讲故事、朗诵等活动，培养孩子良好的阅读习惯和阅读能力。

Born to Read（出生即阅读）是美国的一个全国性婴幼儿早期阅读推广项目，由美国公共图书馆、美国儿童图书馆服务协会（ALSC）、基金会、医疗机构等合作开展，旨在为读写能力弱、低收入父母及未成年的父母提供新生儿阅读资源及培训等多项服务。这个项目的口号是"生而阅读，绝非太早"。

Born to Read（出生即阅读）项目为婴幼儿提供包括但不限于绘本、儿童诗、早教信息等的阅读礼包，给婴幼儿赠送优质的阅读纸板书，给婴幼儿家长提供舒适的阅读环境，对阅读能力弱的家长提供免费培训，指导家长如何选择合适的读物以及如何有效的亲子阅读等，让婴幼儿享受阅读的乐趣、感受阅读的魅力，同时帮助父母亲了解孩子的阅读需求、培养其阅读习惯。这个项目对于保障0岁婴幼儿以及弱势家庭婴幼儿的阅读权利发挥了积极的作用。

美国公共图书馆还对图书馆空间进行广泛延伸，将图书馆资源、材料和服务带到人际交往互动频繁的场所，搭建图书馆婴幼儿阅读服务家庭参与空间。例如，达拉斯公共图书馆的当地分馆"购物中心书签图书馆"吸引了大批家庭来到一个非常独特的地点——购物中心。"购物中心书签图书馆"为父母和孩子提供各种丰富的亲子活动，如故事时间、家庭作业辅导、STEM主题项目、亲子瑜伽等，改变家庭购物体验。该图书馆每周大约举办13项活动，每到星期六，有200～300个家庭聚集在这里，参加法语故事时间、唱歌木偶表演和系鞋带工作坊等活动，进一步提高了家庭参与的热度，提高了商场的人流量，改变了用户的购物体验，提高了用户的黏性。机场、公园、理发店、儿童乐园活动场所也成为了图书馆开展婴幼儿阅读的家庭参与空间。

美国公共图书馆还重视帮助家庭利用数字媒体和技术来促进孩子的学习。随着信息网络技术的快速发展，美国公共图书馆儿童图书馆员扮演着新的教育角色——媒体导师，指导儿童、青少年和家庭在使用媒体方面做出明智选择，有效使用数字工具。当家庭来到图书馆时，他们会收到关于推荐网站、应用程序、有声读物、电子书或其他形式的满足他们需求的技术的建议。通过智能手机的广泛使用，图书馆正在以一种熟悉和方便的方式与家庭建立关系，帮助家庭将数字媒体有效地融入幼儿早期学习。例如，麦迪逊公共图书馆开发了一个应用程序查找器，提供图书馆工作人员的评论和应用程序的推荐，供家庭和孩子一起使用。该系列包括针对8岁及以下儿童的应用程序。为了让家庭意识到这一资源，每两周一位青年服务图书馆员都会在当地电视新闻上谈论这一应用程序的访问和使用，家庭就可以在App Finder上观看数据库的运行，并获得如何有效使用该应用程序的教程。

美国公共图书馆为婴幼儿开展的丰富多彩的阅读服务、形式各异的阅读活动、鼓励家长参与的阅读活动等，对于培养婴幼儿的阅读兴趣、促进家庭参与婴幼儿阅读服务有重要的意义，也为我国公共文化服务提供了成功的经验和启示。

第 9 章
北京公共文化服务有效供给的路径选择

综合前述内容的分析，我们知道北京公共文化服务供给投入在增加，但是投入产出效率不高、供需耦合协调度不高，不能很好地满足居民多样化、个性化以及多层次的文化需求。所以提升有效供给的前提是对居民的文化需求进行精准把脉，在此基础上结合供给侧的改革，使供需有效对接，提高供需耦合协调度，提升公共文化产品服务的有效供给，促进北京公共文化服务的长足发展。结合前述分析内容，公共文化服务有效供给的路径选择应该在精准把握需求和深化供给侧改革方面继续探索，通过供需协同带动公共文化服务的有效供给。

9.1 技术赋能，精准把脉需求

公共文化服务有效供给的前提是了解用户需求，这样才能与用户需求对接，实现有效供给。

目前公共文化云、大数据、云计算、人工智能的背景，对于精准把握用户需求提供了技术支持和可行性。像京东、淘宝等电商网站通过用户注册信息、用户的位置数据、用户浏览、查询与点击等行为数据，用户在线收藏与跨平台分享、评论管理或发帖管理等活动信息，以及用户购买的商品、单价、网购量等商务数据，可以全程记录用户使用行为的数字足迹，并通过大数据对用户画像，全面刻画用户类型和特征，基于用户的行为对用户需求进一步分析挖掘，并推送相关服务进行精准营销，这一系列工作都靠电商平台来完成。

公共文化数字资源从理论上来讲也可以实现对用户画像，在文化数字资源平台，用户有关于年龄、性别、地址等个人注册信息，还有阅读、观看、欣赏、评论、预约等活动信息，通过大数据分析，我们就可以对居民的文化需求进行画像，从而根据居民的文化需求调整公共文化服务供给，解决公共文化服务供需匹配问题，最大限度地提升公共文化服务效能。

目前有些区域文化云已经能在一定程度上解决供需匹配问题，如"西城文化云"于2017年8月30日上线，云平台整合了全区20余家文化馆、博物馆、图书馆等文化数字资源，居民在西城文化云平台可以预约自己感兴趣的活动，了解公共文化服务设施、公共文化服务活动、文化社团，参加评论，看视频等，并根据其实名注册情况和活动轨迹积累相应积分，积分可以用于支付订单、活动参与限制（部分热门活动需达到一定数值才可以参与）、预定未核销（预定活动未参加，扣积分给予惩罚）。通过西城文化云平台居民的参与情况，可以通过相应的数据分析了解不同年龄、性别和偏好的居民的文化需求，使供需耦合协调度提高。海淀公共文化云通过大数据技术的应用，大幅提升了其供给精准度，文化活动平均到场率提升至92%，场馆预约平均到场率提升至95.3%，群众满意度从系统上线之初的89%提升至97%。但是目前的文化云平台也存在一些问题，如提供的资源数量有限、给居民参与的机会不多、互动评论等内容不多、平台的资源开放度也有限等问题。

所以政府要加快整合各个公共文化数字资源，建立"一站式"公共文化数字资源平台，并注重其开放性，在满足居民公共文化服务基本文化需求的基础上，通过对数字资源平台信息的纵深挖掘，提供满足居民个性化需求的个性化数字资源服务。如通过大数据给用户画像后，给客户推荐相关信息，提高其信息搜索效率，客户可对自己获取的各类信息进行分类和系统管理，建立自己的信息空间，从而进一步丰富用户画像，使公共文化数字资源供给更精准地对接居民的文化需求。居民在公共文化数字资源的熏陶下，逐渐提升其文化素养和专业性，并培养其公共精神和公共价值，使居民从文化需求的表达者逐步上升为文化的创造者，通过创造满足自身的需求，促进公共文化服务的供需耦合及均衡。

9.2 效能导向，深化供给侧改革

（1）转变政府职能，深化多元主体供给模式

前文对北京公共文化服务需求的调查结果显示，居民认为北京公共文化服务存在场馆或设施少、设备陈旧破损、长期无人维护、公共文化机构开放时间不合理、公共文化活动的内容不吸引人等问题。这些调查结果也是目前北京公共文化服务数量、质量不能满足居民文化需求的表现。

居民的文化需求随着经济的发展出现了多元化、个性化等特征，单纯依靠政府提供的公共文化服务不能满足其需求，所以需要通过引入社会力量进入公共文化领域，形成多元供给主体。北京市政府为了积极引导社会力量参与公共文化服务体系，先后发布了一系列有关文件。同时北京市政府也在积极实践，东城区2016年通过公开招标引入京演集团，对区内4个街道文体中心和32个社区文化室进行专业化运营，使每周服务时长超过70小时，全年平均组织活动796场次。2018年，京演集团与保利集团作为承接主体，使东城区街道与社区两级文化设施社会化运营覆盖比例已分别达到53%、55%。显然通过市场竞争机制引入社会力量，可以在一定程度上缓解政府的财政压力，还可以增加公共文化供给的数量和种类，提高供给的质量，多元主体参与的公共文化服务供给体系，能够解决政府的单一供给模式带来的效率低下、供需脱节、服务内容单一等问题，能更好地满足居民多样化的文化需求，使供需耦合程度提高，是公共文化服务高质量发展的必然选择。

但是政府在引入社会力量的过程中仍存在一些问题，如政府没有及时跟进关于多元化供给主体的相关法律法规、政府与企业合作方式有限、政府购买领域有限；企业由于经济利益目标对公共文化服务参与的积极性不高，企业资助项目、提供设施、捐赠产品以及政企合作的机制不健全；社会团体组织由于起步晚、资金来源不足、公众对其认可度不高等不能提供优质的公共文化服务，还有一些行业协会、基金会等社会组织本身规范程度不够，发育不够成熟；居民由于自发性差、流动性强、缺少组织协调等原因也不能保证志愿服务的质量等。

所以我们仍需要进一步探讨多元主体参与过程中如何界定政府、社会力量或公众的供给职责，明确多元供给主体的职责边界，从而做到权责明确、管理科学,使政府和社会力量形成良性互动;还要探讨的是如何引导更多社会力量积极投入公共文化服务领域,以增加社会力量供给主体,并推动社会力量的蓬勃发展。

第一,要转变政府职能,探索深化公共文化机构管理权和所有权相分离的理事会制度,增强文化事业单位参与公共文化服务供给的积极性和创造性,充分发挥公共文化治理对社会进步、艺术普及、全面素养提高等方面的作用;第二,建立公共文化服务全国性的办事机构,并通过顶层设计出台有利于推动供给侧改革的法律法规和政策体系,深化社会力量的参与,增加市场活力;从供给主体的特征来看,政府可以通过相关法律法规积极引导、扶持和培育其他多元主体;对于企业供给主体,政府可以考虑通过合同外包的方式将一些非核心业务交给其承担,通过特许经营和使用者承担费用帮助企业实现盈利目标,通过PPP模式界定政府和企业的职责边界;并深入研究学者们讨论的税收减免、现金奖励、财政激励、政策引导等政策,引导更多企业积极参与到公共文化服务供给体系中;对于社会团体组织,政府要通过直接购买其服务、委托代理、政府资助、社会捐赠、物质奖励等方式增加其收入,支持其参与到公共文化服务中,并做好政府的监督考核,鼓励社会团体组织的发展;对于居民,首先要让其意识到享有公共文化服务是其权利,作为公共文化服务的受益者,要积极投入到社区公共文化服务的队伍中,其次可以鼓励一些有影响力的文化工作者积极参与到公益性文化服务中,以其影响力感染群众,增加群众参与公共文化服务的自觉性,再次还可以考虑高校大学生通过社会实践、大学生创业等方式加入公共文化服务的队伍,最后还要重视对居民供给主体的培训,强化其文化志愿服务的意识,提高其服务的专业性和长期性。

对于居民的多元化文化需求的特点,可以采取分类治理的方式,满足多元化的文化需求,使供需耦合。对于一些国家层面的公共文化设施或活动,可以考虑由政府直接供给;对于基本公共文化服务需求,可以在各级政府的引导下,采取社会力量、公益性社会组织、文化类事业单位等多元主体供给模式;针对居民的个性化需求,可以在政府部门的监管下,由政府购买市场提供;对于群众自发的公共文化需求,可以采取由社会机构运作、社区引导群众共同参与、群众自评结果的运作模式。

（2）完善文化立法，落实配套政策

党的十五大第一次明确提出建设社会主义法治国家，党的十九大明确要全面推进依法治国的总目标，建设社会主义法治国家。所以公共文化服务领域加强法律保障体系是依法治国的必然要求；同时公共文化领域的规范、长足发展也离不开有关法律法规的保障和监督管理，所以公共文化领域健全完善的法律体系也是现代公共文化服务体系健康发展的强大支撑和坚强后盾。

从公共文化服务有关法律法规及政策性文件的出台，我们可以看出：国家层面关于公共文化领域的法律建设比较滞后并且严重缺失，相应地方政府关于公共文化领域的法律法规更少，也存在滞后性，北京目前还没有出台关于公共文化服务的地方性法规，法律法规的缺失容易使现有的政策法规在执行中导致理解偏差，从而导致解决问题时缺乏依据；已有的政策法规有的重于宏观把握，实际执行中缺乏可操作性，如《公共文化服务保障法》规定关于公民、法人或社会组织通过公益性社会团体捐赠的财产用于公共文化服务的，依法享有税收优惠，可是该规定在实际执行中缺乏系统的、统一的可操作性。

所以，政府应做到以下几点。第一，应该健全公共文化服务领域的法律体系，并以现代公共治理理念为引导，建立起科学合理、层次分明、配套完备的公共文化服务法律体系，使政府对公共文化活动的引导确立强有力的法律和政策支持；第二，通过细化和规范有关财政补贴、税收优惠、捐赠、赞助和资助等方面的法律、法规和政策，引导更多投资主体参与到公共文化服务体系中，保障社会力量权益的合法化、合理化以及社会力量参与公共文化服务的有序化、规范化；第三，制定和完善关于非盈利性质公共文化服务组织、文化基金会、行业协会等的法规和政策，明确其在公共文化服务体系中的地位，确立积极引导他们参与公共文化服务的机制；第四，尽快出台关于文化馆、美术馆、博物馆等的法律法规，促进现代公共文化服务体系的规范化、法制化和标准化；第五，建立关于落后地区公共文化发展的有关法规和政策，促进公共文化服务体系均等化的实现；第六，积极探索制定地方性法规或规章，为国家层面立法提供有益参考。只有健全完善的法律法规，才能使公共文化事业发展有法可依。

（3）夯实基础，优化资源配置，提升均等化水平

前文关于公共文化服务需求的调查显示，居民对于公共文化服务的数量和质量还不是很满意。调查还显示，北京城区公共文化产品服务的密集度和便利度要高于郊区，并且远郊区居民对公共文化服务的信息化或数字化水平的满意程度，以及公共文化服务的总体满意程度都比城区居民低，所以北京公共文化服务也存在城乡不均衡问题。统计数据显示，2018年北京农村居民的人均文化娱乐消费支出为601.4元，但2018年北京城镇居民的人均文化娱乐支出为2441.1元，是同期农村居民的4.06倍，2017年为5.05倍。2017年北京艺术表演团体国内演出场次为6.02万场次，其中农村演出场次为1.1万场次，国内观众人次为1100.73万人次，其中农村观众人次为376.45万人次；通过2018年和2017年公共图书馆的总藏数和总流通人次的数据比较也可以发现，对于生态涵养区（门头沟、平谷、怀柔、密云、延庆5个区县）公共图书馆的总藏数在增加，但是总流通人次指标，除了平谷区增长了80%，门头沟区不变，其他各区的总流通人次都在减少，其中延庆区减少了36.8%。博物馆也存在同样的问题，2018年和2017年相比，总藏品数在增加，但是总流通人次在减少，其中怀柔区减少了59.4%，延庆区减少了53.7%。

北京市第三次全国农业普查共调查了196个乡级单位，对于北京农村公共文化设施的调查数据显示见表9-1。

表9-1 北京农村公共文化设施情况统计　　　　　　单位：%

公共文化设施情况	全市	城市功能拓展区	城市发展新区	生态涵养发展区
有图书馆、文化站的乡级单位	89.8	96.9	89.1	87.5
有剧场、影剧院的乡级单位	18.4	43.8	16.3	9.7
有体育场馆的乡级单位	12.2	28.1	13.0	4.2
有公园及休闲健身广场的乡级单位	84.7	93.	81.5	84.7
有体育健身场所的村	90.6	85.9	90.7	91.5
有农民业余文化组织的村	50.9	55.1	51.2	49.6

注：城市功能拓展区包括朝阳、海淀、丰台、石景山4个区；城市发展新区包括通州、顺义、大兴、昌平、房山5个区和亦庄开发区；生态涵养发展区包括门头沟、平谷、怀柔、密云、延庆5个区。

第 9 章
北京公共文化服务有效供给的路径选择

通过这些数据我们可以看出，由于区域经济发展水平不同，虽然北京农村地区的资金投入在增加，各类设施投入和文化活动也在增加，但是城乡公共文化设施布局仍存在农村滞后于城市、郊区滞后于城区的布局不均衡问题；并且农村和郊区的公共文化供给和需求同样存在不匹配问题，虽然农村图书馆、文化站的数量在增加，但是供给质量却不高，主要表现为书籍比较陈旧、数量少，且书籍不是当地居民所需，所以常处于闲置状态，其最大用处是成为上级部门检查时的门面；另外农村虽然已经实现"村村通户户通"，但是农村公共文化的数字化和信息化建设相对滞后，无法与国家、市属的数字图书馆、博物馆、美术馆、文化馆等互联互通，与之相应很多新的服务模式不能开展，如在线服务、体验式服务等；农村居民对智能手机、App等新媒体软件的使用不够熟练，这也是其对公共文化服务体验较差的一个原因。最后由于农村经济条件相对城区较差，所以很难吸引高素质的专业的年轻的公共文化服务人员。

公共文化设施是公共文化服务的重要内容和载体，公共文化活动是满足居民文化需求的重要抓手，为了提升居民的文化获得感，应该加强公共文化产品服务的薄弱环节，夯实基础，优化资源配置，提高公共文化产品服务供给效率，提升城乡均等化水平，让更多优秀产品服务惠及全民。

公共文化设施的改进措施：第一，在目前图书馆、博物馆、文化馆等公共文化设施及举办活动的基础上，争取有更多的图书馆、博物馆、文化馆等公共文化设施免费开放，探索更加多元的教育、培训、演讲、演出、放映和展览等综合性文化服务，并支持更多社会力量参与到公共文化设施的供给中。第二，探索公共文化服务供给新模式。北京有很多信息化技术水平比较高的公共文化设施，如电子阅览室、盲人阅读室、自助图书馆等，可以考虑借助这些信息技术，将公共文化服务的内容和形式加以组合再利用，开发"图书馆+""博物馆+""文化馆+""咖啡馆+""酒店+"等更多公共文化服务供给新模式，如北京市西城区的"书香酒店""繁星书店"等，这些特色阅读空间在很大程度上提升了公共文化服务的数量和质量。第三，深化文旅融合、文化与科技融合、京津冀发展等新模式，通过探索新产品新业态，深度拓展和升级北京公共文化服务。如石景山首钢工业文化旅游区利用高炉、管廊、储水池等工业遗存建设首钢工业遗址公园，把传统工业、工业遗存的历史文化底蕴与旅游相结合，使其正成为北京休闲文化新地标。第四，要加大对农村公共文化服务设施的投资和建设，并提高农村公共文化服务设施的利用率，做好后期维护工作；对于固定文化设施难以企及的地方和人群可以考虑增加公共文化设施流动服务，如流动图书馆、流动博物馆、数字文化工程、电影放映工程等。第五，探索现有场馆服务与数字服务的进一步结合，创新公共文化服务供给的方式，推进公共文化服务的数字化建设，使公共文化服务不再局限于地域范围，提高服务的覆盖面和服务的质量，实现数字文化服务的网络共享，形成更全面、更优质的公共文化服务网络。

公共文化活动的提升措施：第一，通过激励政策和社会化供给主体的引入，调动一切资源的积极性，激发文艺创作主体的创造力，打造多样化的公共文化活动形态，推出贴近居民生活的文化活动，特别要重视与互联网、科技、创意、旅游等融合的文化活动，更好地满足居民对于交互式、体验式、沉浸式等方面的文化需求。第二，对于农村公共文化活动，首先要充分利用当地文化人才，发掘和培养文化资源，重视对草根文化的扶持、指导和培训，搭建展示平台和交流平台，鼓励其创作的积极性，培养文化素质，使居民从"旁观者"变成"参与者"，成为公共文化活动的建设主体和服务主体，推进农村居民文化自治；另外现有的文化活动要结合当地的风俗和生活习惯，打造活动品牌，通过以点带面，调动基层文化活动的积极性。第三，提升公共文化活动的信息化水平，通过大数据了解居民的文化需求，提升公共文化活动的针对性；通过信息化服务平台，展示公共文化活动内容，方便居民查询、选择、评价、反馈等；加强文化活动与科技的融合；实现国家、市、县（区）、乡（镇）、村（社区）五级文化信息资源的共建共享。第四，对于公共文化服务难以企及的地方和人群，探索推广流动性公共文化服务。通过流动图书馆、流动博物馆、流动文化馆、移动阅读等公共文化服务的新方式，为城乡居民提供人性化、便捷化服务。第五，加强对公共文化服务人才的培养和培训，专业的公共文化服务人才和高素质志愿者服务队伍，有利于公共文化服务受众面的扩大和服务水平的提高，特别重视引导优秀人才和志愿者队伍积极投身农村公共文化服务供给。第六，要继续加强城镇化建设以及乡镇（街道）、村（社区）基层综合性文化服务中心建设，因为它们是我国农村地区公共文化服务建设和供给的着力点，通过他们可以在农村地区深入开展各类文化活动,丰富农村居民的文化需求。

前文关于公共文化服务的需求调查显示,政府对公共文化产品服务进行考核时,公众参与意见表达的机会都特别少。而绝大多数居民也没有就公共文化产品服务向当地政府提过意见或建议,主要原因是被调查者表示不知道给谁提,或者不知道提什么,因为居民不知道政府应该提供什么样的公共文化产品服务。这就提出了一个问题,居民是否有权利就政府提供的公共文化服务绩效进行绩效评价?

(4)建立科学评价体系,引入多元主体全方位评价

从文化权利的角度讲,享受和参与公共文化服务是公民的基本文化权利,所以居民有权利就政府提供的公共文化服务绩效进行绩效评价,但是目前对公共文化服务绩效评价的通常做法是文化部门自我检查和自我评价,以及政府对于购买公共文化服务进行的第三方进行评估。对于政府的自评,由于政府部门既是公共文化服务的提供者,又是评估者,评估结果的客观公正自然会受质疑;而对于第三方评估,其考核指标存在重数量轻质量的问题,如西城区政府出台了《北京市西城区特色阅读空间考核指标体系》并对特色阅读空间进行考核。考核范围包括特色阅读空间的设备设施(权重22%)、经费与人员(权重13%)、文献资源(权重20%)、读者服务(权重25%)、业务管理(权重10%)、读者满意度(权重10%),这些指标中只有读者满意度是从读者的角度考核特色阅读空间的服务质量,但只占到10%的权重,其他考核指标多是从文献的数量、活动推广数量、安全措施等方面对特色阅读空间进行数量性考核,这就会导致社会力量在运营服务过程中更加注重服务数量而忽视服务质量。从而可能导致有些特色阅读空间提供的活动质量一般、图书分类混乱、日常管理无章可循等问题。并且不同区所使用的指标不同,导致不同区之间的供给绩效无法比较,更重要的是,居民作为享受公共文化服务供给的主体并没有广泛参与到评价体系中。

所以,政府应该以居民享受高质量的公共文化服务为宗旨,建立一套科学的多元主体参与的公共文化供给绩效评价体系。对于评价主体,第一,政府作为投资主体,必须了解公共文化服务供给的效能是否能达到政府目标,但其评价权重不能占重要比重。第二,要强调居民对公共文化服务供给绩效的评价。居民是公共文化服务供给的消费者，对供给绩效有绝对的话语权，并且消费者的评价比较客观，可以真正反映公共文化服务的不足以及时修正。第三，要重视第三方评估的作用。第三方评估部门既不代表政府也不从事营利活动，有相对独立的决策权，在评价时能真正代表居民的利益进行客观、公正、公开、透明的评价，能提高评价的信度和效度；为了便于不同区域的比较，设计评价指标时可以考虑在共同指标的基础上加上各区的特色内容和指标，比较时对各区的共同指标进行横向比较，特色部分单独进行评价。第四，考虑行业协会和专家的评价。行业协会和专家对行业的了解和把握更专业，所以能从专业的角度对公共文化服务的供给效能进行评价。第五，媒体对评价体系的参与也不容忽视。通过媒体的监督可以增强评价的客观公正性。

（5）协同融合，"一站式"公共数字文化资源的共建共享

公共数字文化建设对现代公共文化服务体系的建设发挥着积极作用，北京是最早开始公共图书馆的数字化、信息化建设的城市，逐步建立了微信图书馆、移动图书馆等，开通移动数字资源、一卡通服务网络等。随着公共文化与现代科技的深度融合，北京目前有9个区纷纷上线了文化云平台，通过文化云介绍各区各级各类的公共文化设施、展示公共文化项目，并且及时发布公共文化活动预告，方便居民自主选择参与公共文化服务项目。2019年北京数字文化馆的上线，为居民艺术普及提供了重要平台，也是公共文化服务数字化、网络化、信息化迈出的重要一步。截至2022年，北京数字文化馆平台汇集艺术普及慕课、教学视频、微视频等各类数字资源5万多种，资源总量已经达到6.24TB，并通过新媒体矩阵在学习强国、微博、微信、快手、抖音等平台陆续发布。

北京目前已经建立了包括数字图书馆、文化云平台、数字文化馆在内的公共数字文化服务体系，但是目前公共数字文化服务仍存在一些问题。第一，北京缺少一个"一站式"公共文化数字资源服务平台，这个平台能融合图书馆、文化馆、博物馆等不同公共文化机构的资源以及不同区域、不同来源的数字资源，从而可以避免各种数字资源的重复建设、条块分割等问题，如北京数字文化馆、各数字图书馆、各区的公共文化云等有明显的资源重复建设问题存在。第二，各数字平台的数字资源总量和内容

第 9 章 北京公共文化服务有效供给的路径选择

有限,数字平台对社会力量和居民的开放度有限。如北京数字文化馆平台虽然整合了各区的文化馆资源,但基本上都是各区文化馆行政机构资源的呈现,缺少更多开放性资源。第三,各区的数字资源还是各自为政,缺乏有效统筹,不能实现互联互通。例如,笔者尝试登陆石景山区公共文化数字资源系统,登陆界面显示本系统仅供北京石景山区图书馆注册的读者使用,其他区县用户无法在此登录。这种各自为政的数字资源服务系统显然使服务范围受限,不能实现数字资源的共建共享,不可避免出现资源的重复建设和资源浪费;各区的各自为政还表现为各文化云的名称不统一,如朝阳文化云、石景山文 E 等;各区数字资源的内容差异较大,服务渠道也不同,有的提供了 App、网站,有的则是微信公众号、微官网等,造成居民使用不方便。第四,居民在文化云平台的参与性和互动性不强。北京数字文化馆开展居民广泛参与的"文化中国""影像北京"等活动,但是主办单位都是政府主体,文化云平台缺少完全向居民开放的群众活动和项目。并且在居民互动环节,居民对多数云平台资源的点击量有限,对于云平台活动项目设置的评论或留言功能,居民的参与性也并不强,另外有些平台也设置了我的点单等按钮,但是并没有相应内容的链接,导致这些互动功能无法使用。第五,目前的云平台不能全过程记录居民在文化云平台的足迹,也就不能精准了解居民需求,不能真正按需提供文化服务。第六,政府对公共文化,特别是公共数字文化资源的宣传比较欠缺。很多居民不了解什么是公共文化,更不知道公共文化数字资源的存在,所以导致优质数字资源不能共享给更多居民,造成资源闲置和浪费。通过各文化馆微博的搜索结果来看,多数文化馆没有微博,有微博的文化馆其粉丝数量也不多。

针对以上情况,对北京公共文化数字资源的建设提出以下建议:第一,政府部门的顶层设计和统筹协调,使各公共文化机构之间跨系统、跨部门合作,建立一个"一站式"的公共文化数字资源平台,这个"一站式"的数字资源平台可以实现北京所有公共文化数字资源的整合和共建共享,打破区域资源或不同类型文化资源之间的条块分割,提升资源整合的效率,方便居民的使用,也方便产品供应方参与到数字平台发布信息,还方便政府部门的宣传。第二,建立更加开放统一的公共文化数字资源平台,丰富资源建设总量和内容。政府要从居民文化需求出发,合理规划数字平台的资源建设内容,并通过社会化合作,扩大资源建设主体范围,丰富资源建设总量,并提高内容的质量和适用性,大力推动公共文化服务数字化建设,实现公共文化服务高质量发展。如现在有些公共图书馆已经开展了基于众包的数字资源参与模式,可以继续探索这一模式,可以通过游戏或挑战等各种方式,允许公众对馆藏文献进行更正、注释、分类、翻译、标记等,根据其贡献给予积分奖励,积分可以换书籍、讲座、培训、亲子活动等。一方面可以提高馆藏资源检索的准确率;另一方面充分调动居民参与的热情,深化居民参与的范围和深度。对于社会力量,也可以通过开放的数字资源平台,申请优质资源的在线供给、在线捐赠,以及公共文化供给时各决策阶段的在线调查等,提高决策过程的公开、透明,以及居民对决策过程的参与度;另外要统一各数字资源平台的名称,对于不同区域或不同来源的数字资源平台要统一名称,如对于目前各区不同的文化云名称要统一。第三,推动数字资源在移动设备中的应用,更方便居民参与公共文化数字资源开发利用的整个过程;第四,加强对公共数字文化资源平台的宣传,提高居民对公共数字文化的知晓度,从而进一步提高其参与度,这样才能根据居民在公共文化数字资源平台的足迹对其进行画像,精准了解居民的文化需求。

(6) 注重实效,加强公共文化服务相关人才的培养

在政府的重视和财政投入的大力支持下,北京的公共文化服务供给状况在全国排在前列,但相关服务人员却比较欠缺,前述相关研究成果也支持这一结论。

第一,公共文化服务人才供给总量不足,特别是基层服务人员的配置严重不足。第二,公共文化服务人员的素质和培训需要加强。美国政府要求公共文化服务人员具备良好的专业技能,除了定期的培训,还有不定期的抽查,从而可以为公民提供更优质的服务。相比之下,我国对公共文化服务人员的专业培训比较少,其专业技能和素质也需要加强。第三,非政府组织、民间队伍和文化志愿者队伍严重不足,我国尚未形成广泛的志愿服务意识和精神。举办各种公共文化服务活动单靠政府行政编制的相关工作人员是严重不足的,需要数目庞大的服务队伍作为支撑,这需要大力发展志愿者队伍来补充,如东城区有82个社区采取每年补贴5万元用于鼓

励居民志愿者服务或聘用文化组织员来弥补服务人员短缺问题。第四，数字文化服务人员比较欠缺。公共文化数字资源建设是现阶段工作的重点，公共文化数字资源的建设涉及信息技术、数字媒体、数字平台运营等多方面的人才，从目前的实际情况来看，这些人才都比较欠缺。

所以政府应该通过相关法规明确激励志愿服务，注重公共文化服务人才队伍的建设，培养公民的志愿服务精神，引导居民积极参与到志愿服务中，可以参考美国的做法，把志愿服务经历作为个人升学、就业等方面的重要参考，还可以设置专门机构对志愿者的志愿服务绩效进行评估，用专项资金对优秀的志愿服务者给予奖励等。另外要加大对志愿者的培训，《2018年全国基层文化队伍培训工作计划》的出台，对县级图书馆馆长、文化馆馆长和群众文艺创作骨干培训，发挥了示范带头作用。北京市政府还投入大量资金实施了"千人培训"的计划，以期提高志愿者的专业素质，培养高层次的专业文化服务队伍，更好地为居民提供服务。

（7）重视宣传，加强对公共文化服务供给的多渠道推广

前文关于公共文化服务需求的调查显示，很多居民对公共文化服务的具体内容知晓率比较低，对公共文化服务数字平台更是知之甚少，所以居民对公共文化服务的参与率和互动就会更少。政府提供了很多公共文化设施和活动，搭建了很多公共文化服务平台，因为没有广泛宣传，导致居民知晓率、参与率、满意率不高，所以对目前的公共文化服务供给要多渠道加强推广。

第一，传统媒介渠道推广，如电视、报纸、新闻报道等；第二，新媒体推广，如微信、微博、快手、抖音、App、各大网站等；第三，文化活动推广，如大型文化活动现场的条幅、宣传单、宣传展览、讲座、培训等；第四，商业合作推广，如博物馆、图书馆、文化馆等机构可以通过与商业机构的合作推广相关公共文化活动项目或活动；第五，设立公共文化服务指引标识标牌，宣传公共文化服务设施、服务时间、服务内容和管理制度等群众关心的内容，让群众充分了解身边的公共文化设施，了解政府提供的基本公共文化服务和保障项目，搭建政府和居民之间的便捷交流平台。

第10章
总结和展望

10.1 总结

  对于供给侧改革背景下北京公共文化服务的有效供给问题，本书在有关文献资料研究的基础上，结合北京公共文化服务的现状，首先运用因子分析方法对北京公共文化服务的供给绩效进行了量化分析；其次对北京公共文化服务布局中比较重要的公共图书馆的省级和县级供给绩效进行了比较研究；再次是对目前北京公共文化服务的现状及居民对公共文化服务的需求进行了问卷调查分析；从次结合供给和需求的分析，对北京公共文化服务的供需耦合协调度进行了测度；最后，在以上分析内容的基础上，提出了北京公共文化服务的有效供给路径。

  通过对北京公共文化服务供给绩效的量化分析，发现如下问题：一是北京公共文化服务设施增长较快，但是公共文化服务活动不能完全满足人民日益增长的文化需求；二是公共文化服务人才队伍建设不足；三是公共文化服务投入产出效率不高。这一部分还进一步分析了公共文化服务供给绩效的影响因素，发现人均GDP、城镇化率以及政府的重视程度对公共文化服务供给绩效都有显著影响。

  对于省级和县级公共图书馆供给绩效的研究发现省级和县级公共图书馆的投入产出效率都不高，并且近几年县级公共图书馆的供给绩效超过省级绩效与政府的重视密切相关。所以省级和县级公共图书馆供给绩效的提高离不开政府的高度重视及财政投入的大量支持，但是需要重视的是提高其投入产出效率，这就需要公共图书馆相关主管部门结合居民的需求，研究在信息化社会如何通过信息化技术水平提升服务方式、手段，研究公共图书馆的信息、人员、技术交流和馆际合作，使更多的居民更方便快捷地享受到北京公共图书馆资源。

通过对北京公共文化服务现状和居民对公共文化服务需求调查，发现北京公共文化服务现存的问题如下：一是公共文化服务投入不足及城乡分布不均衡；二是居民的公共文化服务需求升级，不满意目前提供的公共文化产品服务；三是居民的文化需求没有充分体现；四是公共文化服务活动的宣传不到位；五是公共文化服务活动的信息获取渠道不畅通。

对于北京公共文化服务供需耦合协调度的测度，我们可以发现：第一，北京公共文化服务供需系统相互作用程度有好转趋势，但不明显；第二，北京公共文化服务供需系统属于供给滞后型；第三，北京公共文化服务供需耦合协调度呈上升趋势，但仍有较大提升空间。

综合前述内容的分析，我们知道北京公共文化服务供给投入在增加，但是投入产出效率不高、供需耦合协调度不高，不能很好地满足居民多样化、个性化以及多层次的文化需求。所以提升有效供给的前提是对居民的文化需求进行精准把脉，在此基础上结合供给侧的改革，使供需有效对接，提高供需耦合协调度，提升公共文化产品服务的有效供给，促进北京公共文化服务的长足发展。

对于深化北京公共文化服务供给侧改革的有效路径，可从以下几个方面着手：第一，转变政府职能，深化多元主体供给模式；第二，完善文化立法，落实配套政策；第三，夯实基础，优化资源配置，提升均等化水平；第四，建立科学评价体系，引入多元主体全方位评价；第五，协同融合，"一站式"公共数字文化资源的共建共享；第六，注重实效，加强公共文化服务相关人才的培养；第七，重视宣传，加强对公共文化服务供给的多渠道推广。

对于精准把脉居民的公共文化服务需求，可以通过整合"一站式"公共文化数字资源通过大数据分析对用户画像，从而根据居民的文化需求调整公共文化服务供给，解决公共文化服务供需匹配问题，最大限度地提升公共文化服务效能。

10.2　研究展望

公共文化服务有效供给问题是近年来公共文化服务研究领域关注的热点，本书按照先独立分析供给和需求，再把供需结合进行分析的思路，对供给绩效进行量化分析、对公共文化服务需求进行了调查，在此基础上把供需结合进行了供需耦合度分析，尽可能对北京公共文化服务供给绩效进行了全面分析，并且从供需耦合视角对供需匹配问题提出了自己的一些思考，但公共文化服务研究的范围广泛，不可避免存在一些不足。

从研究内容来看，本书是利用北京公共文化服务的一些统计数据，采用定量分析的方法对北京公共文化服务的有效供给进行了相关分析，其中所使用的相关指标不同学者可能会有一些差异，所以其科学性有待进一步提高；并且缺少对典型案例的剖析，缺少对北京公共文化服务有效供给的科学预测，在今后研究的过程中需要进一步调查有关数据并提出更科学的预测方法。

从研究方法来看，对北京公共文化服务供给绩效研究的过程中，使用因子分析方法；公共文化服务需求的数据因为目前没有官方数据，使用了问卷调查法；对供需匹配情况，使用了耦合度分析方法。不同学者使用不同的分析方法可能会有不同的解释，由于笔者水平有限，可能还存在方法使用更科学、解释更合理的提升空间。北京作为中国的文化中心和国际交往中心，提高公共文化服务供给绩效仍然是未来现代公共文化服务体系建设的重要任务。希望在以后研究的过程中能发现新的方法、新的视角，能对公共文化服务的相关研究做出一点贡献。

从研究内容来看，随着5G、云计算、人工智能、区块链、元宇宙等数字技术的逐步完善，这些信息技术为文化数字化转型升级提供了关键的基础设施和技术保障，使公共文化服务由数字化向智慧化转型升级成为必然，依托数字技术可以优化文化数字资源内容呈现体系、整合各服务平台的数字资源、给用户提供精准的个性化服务、搭建智慧化管理体系，从而实现公共文化数字化成果的全民共享。但由于本书的主要研究内容在2020年已经完成，当时对公共文化服务数字化、智慧化的研究内容涉及不多，希望以后在公共文化服务的研究中持续深入，能在公共文化数字化、智慧化方面凝练更多研究成果。

参考文献

[1] Even Vedung. Public policy and program evaluation[M]. New Brunswick and London(U. K): Translation Publishers, 1997.

[2] George Boyne, Patrical Day, Richard Walker. The Evaluation of Public Service Inspection: A Theoretical Framework[J]. Urban Studies, 2002(7): 1197-1212.

[3] Janet M. Kelly and David Swindell. A Multiple—Indicator Approach to Municipal Service Evaluation: Correlating Performance Measurement and Citizen Satisfaction across Jurisdictions[J]. Public Administration Review, 2002(62): 610-621.

[4] Jeffrey L. Brudney. An Elite of the Polls[J]. The Public Opinion Quarterly, 1982, 46(4): 503-509.

[5] Vicente Pina, Lourdes Torres. The Implementation of Strategic Management in Local Goverments—An International Delphi Study[J]. Public Administration Quarterly, 2011, 35(4): 551-590.

[6] Aurélien Ragaigne. Les fonctions de l'évaluation des services publics par La satisfaction des usagers, entre discipline et apprentissage[J]. Comptabilité -Contrôle-Audit, 2011, 17(2).

[7] YAO CHEN, HIROSHI MORITA, JOE ZHU. Context-Dependent DEA With an Application to TOKYO Public Libraries[J]. International Journal of Information Technology & Decision Making, 2005, 4(3): 385-394.

[8] George Economides, Apostolis, Public, or private, providers of public goods?A dynamic general equilibrium study[J]. European Journal of Political Economy, 2014(9): 303-327.

[9] 陈波. 我国农村公共文化服务体系的财政保障机制研究 [M]. 北京：中国社会科学出版社，2014.

[10] 威廉·N. 邓恩. 公共政策分析导论 [M]. 北京：中国人民大学出版社，2000.

[11] 傅才武，傅雷霆. 文化蓝皮书：中国公共文化服务发展指数报告（2019）[M]. 社科文献出版社，2019.

[12] 吴理财等. 文化治理视域中的公共文化服务体系建设 [M]. 北京：高等教育出版社，2016.

[13] 刘武. 公共服务接收者满意度指数模型研究 [M]. 沈阳：东北大学出版社，2014.

[14] 高福安. 公共文化服务体系建设创新研究 [M]. 北京：中国传媒大学出版社，2018.

[15] 刘锦山. 公共文化服务体系示范区建设 [M]. 北京：国家图书馆出版社，2018.

[16] 宋元武. 需求导向的农村公共文化服务供给研究 [M]. 北京：中国社会科学出版社，2017.

[17] 任玥. 我国公共文化服务的供需耦合研究 [D]. 成都：电子科技大学，2019.

[18] 潘娅子. 芜湖市公共文化服务供给绩效研究 [D]. 芜湖：安徽工程大学，2018.

[19] 覃华栋. 重庆市公共文化服务绩效评估及优化对策研究 [D]. 成都：西南大学，2019.

[20] 马虹. 基于AHP的公共文化服务绩效评价研究——以甘肃省为例 [D]. 兰州：兰州大学，2013.

[21] 盛禹正. 我国省级公共文化服务绩效指标体系构建研究 [D]. 杭州：浙江大学，2013.

[22] 孔进. 公共文化服务供给——政府的作用 [D]. 济南：山东大学，2010.

[23] 傅才武，岳楠. 公共文化服务体系建设中财政增量投入的约束条件——以县级公共图书馆为中心的考察 [J]. 中国图书馆学报，2018（7）：19-39.

[24] 傅才武，张伟锋. 我国省域公共图书馆效率、规模收益及"拥挤"现象研究 [J]. 中国软科学，2017（10）：72-81.

[25] 张贺. 公共文化服务需要"精准供给" [N]. 人民日报，2019-08-20（05）.

[26] 杨林.结构性改革背景下政府如何有效供给公共文化服务?——基于供需协调视角[J].中央财经大学学报,2017(8):121-128.

[27] 吴理财.把治理引入公共文化服务[J].探索与争鸣,2012(6):51-54.

[28] 吴理财.公共文化服务与文化治理[J].华中师范大学研究生学报,2014,21(1):8.

[29] 胡税根,莫锦江,李军良.公共文化资源整合绩效评估指标体系构建与实证研究[J].理论探讨,2018(2):143-149.

[30] 胡税根,李幼芸.省级文化行政部门公共文化服务绩效评估研究[J].中共浙江省委党校学报,2015(1):26-31.

[31] 李少惠.公共文化服务体系建设的主体构成及其功能分析[J].社科纵横,2007(2):37-39.

[32] 许昳婷,陈鸣.建构混合型城市公共文化服务新机制——公共文化服务供给侧改革研究[J].探索与争鸣,2017(12):171-174.

[33] 朱媛媛,曾菊新,朱爱琴.武汉都市圈城乡文化整合的空间结构与机理研究[J].华中师范大学学报(自然科学版),2013,47(6):846-851.

[34] 韦楠华,吴高.公共数字文化资源共建共享现状、障碍及对策研究[J].图书馆建设,2018(9):18-26.

[35] 唐义,肖希明,周力虹.我国公共数字文化资源整合模式构建研究[J].图书馆杂志,2016(7):12-25.

[36] 张芳源.公共数字文化资源整合项目中的角色期待研究[J].图书情报工作,2015(11):28-35.

[37] 章迪平,顾建亚,来越富.公共文化投入的地区绩效测度及比较研究——基于主成分分析与聚类分析法[J].浙江科技学院学报,2018(4):269-275.

[38] 杨林,杨广勇.基本公共文化服务供给质量评价及其改进——来自山东省的实践[J].山东社会科学,2020(2):105-111.

[39] 关繁华.基于因子分析法的重庆市公共图书馆绩效评价及影响因素分析[J].公共图书馆,2019(2):41-49.

[40] 范周,周洁.正确理解文化领域供给侧结构性改革[J].东岳论丛,2016,37(10):5-14.

[41] 傅才武，李延婷.公共文化建设为什么不能强化供给侧财政投入方式：一个解释框架[J].深圳大学学报（人文社会科学版），2020（2）：50-63.

[42] 杨林，秦玥.国家善治导向下公共文化服务有效供给的财政对策研究[J].财政金融研究，2017（2）：72-77.

[43] 申亮.王玉燕.我国公共文化服务政府供给效率的测度与检验[J].上海财经大学学报，2017（2）：26-37.

[44] 毛少莹.公共文化服务绩效评估指标体系的建构[A]// 李景源，陈威主编：中国公共文化服务发展报告（2007）[M].北京：社会科学文献出版社，2007：391-404.

[45] 李小涛.公共文化服务标准体系研究[M].南京：东南大学出版社.2019年1月.

[46] 傅利平，何勇军，李小静.城市公共文化服务的综合评价模型[J].统计与决策，2013（16）：39-41.

[47] 傅利平，何勇军，李军辉.政府公共文化服务绩效评价研究[J].中国财政，2013（7）：62-64.

[48] 莫锦江.我国省级公共文化服务发展绩效的动态监测研究[D].浙江：浙江大学，2018.

[49] 孔玉梅.供给侧改革视角下我国公共文化服务供给问题研究[D].武汉：湖北大学，2018.

[50] 葛红兵，许旖婷.上海公共文化服务供给侧改革对策研究[J].科学发展，2016（12）：90-95.

[51] 陈则谦.我国公共文化云的服务现状及展望[J].图书情报知识流，2018（5）：62-71.

[52] 纪东东，文立杰.公共文化服务供给侧结构性改革研究[J].江汉论坛，2017（11）：24-29.

[53] 郑洪玲.需求导向的呼和浩特公共文化服务供给研究[D].呼和浩特：内蒙古大学，2016.

[54] 孟兰.推行政府购买服务构建阅读空间的探索——基于北京市西城区的实践[J].图书馆，2016（2）：100-103.

[55] 杨松，孟兰.北京西城区：打造城市公共阅读空间的创新实践[J].国

家图书馆学刊，2015，24（4）：3-8.

[56] 李昊远. 社会力量参与合肥市公共阅读空间建设与发展研究 [D]. 合肥：安徽大学，2019.

[57] 童莹. 公共文化服务均等化视域下特色阅读空间运营模式与效应研究 [J]. 中国出版，2019（8）：29-32.

[58] 刘雪花. 社会力量参与全民阅读的主体、方式和内容 [J]. 新世纪图书馆，2018（10）：14-22.

[59] 杨林，许敬轩. 地方财政公共文化服务支出效率评价与影响因素 [J]. 中央财经大学学报，2013（4）：7-13.

[60] 周静. 我国各省域公共图书馆绩效的测算与评价 [J]. 新世纪图书馆，2017（8）：85-90.

[61] 刘海英，张纯洪. 中国城乡医疗卫生系统服务效率的对比研究 [J]. 中国软科学，2011（10）：102-113.

[62] 陈昌盛，蔡跃洲. 中国政府公共服务：基本价值取向与综合绩效评估 [J]. 财政科学，2007（6）：20-24.

[63] 彭国甫. 基于 DEA 模型的地方政府公共事业管理有效性评价——对湖南省 11 个地级州市政府的实证分析 [J]. 中国软科学，2005（8）：128-133.

[64] 贾康，苏京春. 论供给侧改革 [J]. 管理世界，2016（3）：1-24.

[65] 滕泰. 新供给主义宣言 [J]. 中国经济报告，2013（1）：88-92.

[66] 方福前. 寻找供给侧结构性改革的理论源头 [J]. 中国社会科学，2017（7）：49-69+205.

[67] 刘江宁. 扩大内需："中国之治"深化供给侧结构性改革 [J]. 山东社会科学，2020（10）：73-77.

[68] 徐望. 文化供给侧改革中博物馆美育的优化路径 [J]. 文化软实力研究，2023，8（2）：112-121.

[69] 董帅兵，邱星. 供给侧视角下我国农村公共文化服务的有效振兴——基于全国 31 省 267 个村庄的调查分析 [J]. 图书馆学研究，2021（2）：30-36.

[70] 周艳，葛书学. 公共文化服务供给绩效评价及时空分异 [J]. 安徽农业大学学报（社会科学版），2022，31（1）：105-115.

[71] 陈端计.我国市场经济中的供给问题研究[D].厦门：厦门大学，2003.

[72] 包国宪，赵晓军.新公共治理理论及对中国公共服务绩效评估的影响[J].上海行政学院学报，2018，19（2）：29-42.

[73] 吴淑芬，张丽，王娇萍等.美国公共图书馆促进婴幼儿阅读服务的对策与启示[J].陕西学前师范学院学报，2022，38（7）：11-21.

[74] 张皓珏，张广钦.国外政府公共文化服务绩效评价管理制度研究——对比英美日澳瑞五国[J].图书与情报，2021（3）：125-134.

[75] 杨斯嘉.中美公共文化服务供给比较研究[D].成都：电子科技大学，2019.

[76] 赵鹏，金业钦.美、英、法公共文化服务体系中的政府定位[J].党政干部学刊，2016（2）：57-62.

[77] 荆晓燕.国外公共文化服务社会化的制度建设与经验启示[J].成都行政学院学报，2020（6）：83-88.

[78] 蒋建梅.政府公共文化服务体系绩效评价研究[J].上海行政学院学报，2008（4）：60-65.

[79] 李洋.北京公共文化设施借社会力量"实力圈粉"[N].北京日报，2018-12-21.

[80] 张琳娜，朱孔来.国内外公共文化服务研究现状评述及未来展望[J].西安财经学院学报，2013，26（3）：123-128.

[81] 北京文化旅游局.历史文化名城焕发新生 首都文化建设蓬勃发展[N].北京文化报，2019-9-23（6）. http://www.ce.cn/culture/gd/201909/23/t20190923_33200253.shtml.

[82] 李洋.本市文化和旅游公共服务品质不断提升[N].北京日报，2023-3-24（1）. https://bjrbdzb.bjd.com.cn/bjrb/mobile/2023/20230324/20230324_m.html#page0

[83] 李洋.一刻钟"圈"出居民文化新生活[N].北京日报，2022-05-03(1). https://bjrbdzb.bjd.com.cn/bjrb/mobile/2022/20220503/20220503_m.html#page0

[84] 李洋.7077个数字文化资源库提供公共文化服务[N].北京日报，2022-05-18(1). https://bjrbdzb.bjd.com.cn/bjrb/mobile/2022/

20220518/20220518_m.html#page0

[85] 郭佳.数读2016北京文化：老百姓看演出 政府补贴2602万元[N].北京青年报，2017-01-12（15）.http://culture.people.com.cn/n1/2017/0112/c1013-29016919.html.

[86] 张景秋.北京市文化设施空间分布与文化功能研究[J].北京社会科学，2004（2）：53-60.

[87] 韦楠华.公共文化机构管理现状、问题及对策研究[J].图书馆理论与实践，2019（8）：61-69.

[88] 陈莹.农村公共文化空间重构与服务路径优化——基于场景理论的分析[J].安徽农业大学学报（社会科学版），2023，32（1）：32-40.

[89] 李桂霞,解海,祁爱武.新时代公共文化服务高质量发展的路径[J].图书馆建设，2019（S1）：187-194.

[90] 赵丽丽.文化@海淀数字平台大数据分析助力服务效能提升[N].北京文化报，2018-7-11（6）.https://nepaper.ccdy.cn/html/2018-07/11/content_236570.htm.

[91] 高书生.文化数字化：从建设工程上升到国家战略[J].群众，2021（24）：22-23.

[92] 李建盛.北京：国际国内比较视野中的世界文化中心城市建设[J].北京联合大学学报（人文社会科学版），2013，11（3）：71-78.

[93] 刘兆慧.大连市公共文化供给侧结构性改革路径研究[D].大连：辽宁师范大学，2018.

[94] 徐荣华.统计数据里的首都民生[J].前线，2019（11）：17-19.

[95] 贾蕊.基于因子分析的河南省市域开放型经济发展水平实证分析[J].信阳师范学院学报（哲学社会科学版），2015，35（6）：66-69.

[96] 文琴.我国公共图书馆国家政策重要思想演变研究：以重要政策文件为中心[J].图书馆论坛，2022，42（2）：14-21.

[97] 习近平在中共中央政治局第二次集体学习时强调 加快构建新发展格局 增强发展的安全性主动权[J].中国人大，2023（3）：4-5.

[98] 习近平：决胜全面建成小康社会 夺取新时代中国特色社会主义伟大胜利——在中国共产党第十九次全国代表大会上的报告[EB/OL].https://www.gov.cn/zhuanti/2017-10/27/content_5234876.htm.

[99] 北京市"十一五"时期功能区域发展规划 [EB/OL]. https://www.gov. cn/govweb/fwxx/sh/2006-12/07/content_463035.htm.

[100] 中华人民共和国国家统计局. 中国统计年鉴 [Z]. 中国统计出版社, 2019.

[101] 中华人民共和国文化部. 中国文化文物统计年鉴 [Z]. 北京: 国家图书馆出版社, 2018.

[102] 中华人民共和国国家统计局. 中国统计年鉴 [Z]. 北京: 中国统计出版社, 2018.

[103] 中华人民共和国公共文化服务保障法 [EB/OL]. http://www.npc.gov.cn/ zgrdw/npc/xinwen/2016-12/25/content_2004880.htm.

[104] "十三五"时期公共数字文化建设规划 [EB/OL]. http://zwgk.mct.gov. cn/auto255/201708/t20170801_688980.html?keywords=

[105] 财政部国家税务总局民政部关于公益性捐赠税前扣除有关问题的通知 [EB/OL]. http://zwgk.mct.gov.cn/auto255/200910/t20091019_472361. html?keywords=

[106] 中华人民共和国公共文化服务保障法 [EB/OL]. http://zwgk.mct.gov. cn/auto255/201612/t20161226_474962.html?keywords=

[107] 中华人民共和国图书馆法 [EB/OL]. http://zwgk.mct.gov.cn/auto255/ 201711/t20171106_693582.html?keywords=

[108] 国务院办公厅转发文化部等部门关于做好政府向社会力量购买公共文化服务工作意见的通知 [EB/OL]. http://zwgk.mct.gov.cn/auto255/ 201505/t20150513_474761.html?keywords=

[109] 北京市人民政府关于进一步加强基层公共文化建设的意见 [EB/ OL]. http://www.beijing.gov.cn/zhengce/zhengcefagui/201905/ t20190522_58673.html.

[110] 北京市 2021 年国民经济和社会发展统计公报 [EB/OL]. https://www. beijing.gov.cn/gongkai/shuju/tjgb/202203/t20220301_2618806.html.

[111] 北京市 2022 年国民经济和社会发展统计公报 [EB/OL]. http://tjj. beijing.gov.cn/tjsj_31433/sjjd_31444/202303/t20230320_2940009.html.

[112] 2022 年北京市文化和旅游统计公报 [EB/OL]. https://www.beijing.gov. cn/zhengce/zhengcefagui/202303/t20230321_2941262.html.

附录
调查问卷

北京市公共文化产品服务现状及需求调查

亲爱的朋友：

非常感谢您参与本次调查。本调查是为了了解北京市居民对北京市公共文化产品服务（是指由政府主导、社会力量参与，以满足公民基本文化需求为主要目的而提供的公共文化设施、文化产品、文化服务以及其他相关服务）现状的认知和需求情况，以便为深入了解北京公共文化服务的供需情况提供参考。本次调查的所有数据均用于研究，没有任何商业用途。您的个人信息也将受到保护，不会对外公布，感谢您的支持与配合！

一、基本信息

1. 您的性别（   ）

A. 男　　　　　B. 女

2. 您的年龄（   ）

A. 18 岁以下　　B. 18—45 岁　　C. 46—69 岁　　D. 69 岁以上

3. 您的职业（   ）

A. 学生　　　　　　　　　　　B. 自由职业者

C. 政府部门、党政机关、公众团体的工作人员

D. 事业单位工作人员　　　　　E. 企业工作人员

F. 私营业主　　　　　　　　　G. 商业、服务业人员
H. 生产人员　　　　　　　　　I. 退休人员
J. 失业　　　　K. 家庭主妇　　L. 其他

4. 您的学历（　　　）

A. 高中及以下　B. 大专　　　C. 大学本科　　D. 硕士及以上

5. 您居住地所在区（　　　　）

A. 东城区　　　B. 西城区　　C. 朝阳区　　　D. 海淀区
E. 石景山区　　F. 丰台区　　G. 通州区　　　H. 大兴
I. 顺义区　　　J. 昌平区　　K. 房山区　　　L. 怀柔区
M. 平谷区　　　N. 密云区　　O. 延庆区　　　P. 门头沟区

6. 您在本社区是否居住了一年以上（含一年）？

A. 是　　　　　B. 否

7. 您居住的社区属于（　　　）

A. 城市　　　　B. 农村

二、主体部分

（一）公共文化产品服务现状及需求调查

1. 您所在街道（乡镇）或社区（村）是否提供以下公共文化设施或活动项目？

公共文化设施或活动项目	有	没有	不清楚
（1）文化中心、文化活动室			
（2）公共图书室、电子阅览室、书屋			
（3）公益演出、公益电影放映等			
（4）文化辅导培训、讲座			
（5）文化交流活动（阅读、影视节目展播等）			
（6）公共场所阅报栏或电子阅报屏			
（7）健身休闲场所及设施			
（8）青少年活动中心			
（9）老年人活动中心			
（10）为残障人士提供的文化服务活动（无障碍设施、盲文书籍等）			
（11）节日民俗等弘扬传统文化活动			

2. 您对所在街道（乡镇）或社区（村）提供的哪些公共文化设施或活动项目感兴趣？

公共文化设施或活动项目	非常不感兴趣	不太感兴趣	一般	感兴趣	非常感兴趣
（1）文化中心、文化活动室					
（2）公共图书室、电子阅览室、书屋					
（3）公益演出、公益电影放映等					
（4）文化辅导培训、讲座					
（5）文化交流活动（阅读、影视节目展播等）					
（6）公共场所阅报栏或电子阅报屏					
（7）身休闲场所及设施					
（8）青少年活动中心					
（9）老年人活动中心					
（10）为残障人士提供的文化服务活动（无障碍设施、盲文书籍等）					
（11）节日民俗等弘扬传统文化活动					

3. 对于国家级公共文化设施（中国国家图书馆、故宫博物院、中国国家博物馆等公共文化设施）或公共文化活动，您使用过或参加过以下哪些类型（　　）

（1）文化中心、文化活动室　　（2）公共图书室、电子阅览室
（3）公益演出、公益电影放映等　　（4）文化辅导培训、讲座
（5）文化交流活动（阅读、影视节目展播等）
（6）公共场所阅报栏或电子阅报屏
（7）健身休闲场所及设施　　（8）青少年活动中心
（9）老年人活动中心
（10）为残障人士提供的文化服务活动（无障碍设施、盲文书籍等）
（11）节日民俗等弘扬传统文化活动
（12）其他_____

4. 对于市级公共文化设施（首都博物馆、首都图书馆、北京市劳动人民文化宫等公共文化设施）或公共文化活动，您使用过或参加过以下哪些类型（　　）

(1) 文化中心、文化活动室　　　(2) 公共图书室、电子阅览室
(3) 公益演出、公益电影放映等　(4) 文化辅导培训、讲座
(5) 文化交流活动（阅读、影视节目展播等）
(6) 公共场所阅报栏或电子阅报屏
(7) 健身休闲场所及设施　　　　(8) 青少年活动中心
(9) 老年人活动中心
(10) 为残障人士提供的文化服务活动（无障碍设施、盲文书籍等）
(11) 节日民俗等弘扬传统文化活动
(12) 其他＿＿＿＿＿＿

5. 对于区级公共文化设施（西城区图书馆、海淀区博物馆、海淀区文化馆等公共文化设施）或公共文化活动，您使用过或参加过以下哪些类型（　　）

(1) 文化中心、文化活动室　　　(2) 公共图书室、电子阅览室
(3) 公益演出、公益电影放映等　(4) 文化辅导培训、讲座
(5) 文化交流活动（阅读、影视节目展播等）
(6) 公共场所阅报栏或电子阅报屏
(7) 健身休闲场所及设施　　　　(8) 青少年活动中心
(9) 老年人活动中心
(10) 为残障人士提供的文化服务活动（无障碍设施、盲文书籍等）
(11) 节日民俗等弘扬传统文化活动
(12) 其他＿＿＿＿＿＿

6. 对于基层公共文化设施［区级以下的街道（乡镇）或社区（村）提供的公共文化设施］或公共文化活动，您使用过或参加过以下哪些类型（　　）

(1) 文化中心、文化活动室
(2) 公共图书室、电子阅览室、书屋
(3) 公益演出、公益电影放映等　(4) 文化辅导培训、讲座
(5) 文化交流活动（阅读、影视节目展播等）
(6) 公共场所阅报栏或电子阅报屏

（7）健身休闲场所及设施　　　（8）青少年活动中心

（9）老年人活动中心

（10）为残障人士提供的文化服务活动（无障碍设施、盲文书籍等）

（11）节日民俗等弘扬传统文化活动

（12）其他 _____

7. 您愿意参加下列哪一种公共文化活动？（　　　）

（1）免费性质的　　　　　　（2）有趣味性的

（3）满足个人需求的　　　　（4）参与便利的

8. 请在各类别的公共文化服务后的空白处填入各选项的相应序号。

类别	您认为目前不同级别的公共文化服务活动存在的主要问题（　　）。 （1）文化活动种类少，不丰富 （2）文化服务人才短缺 （3）缺乏文化服务组织 （4）文化服务水平较低，态度不好 （5）文化服务内容吸引力不强，不符合群众需要 （6）相关部门不重视公共文化服务 （7）文化服务宣传问题 （8）群众不积极参与 （9）参与机会少，报不上名 （10）其他 _____
国家级公共文化服务（中国国家图书馆、故宫博物院、中国国家博物馆等公共文化机构）	
市级公共文化服务（首都博物馆、首都图书馆、北京市劳动人民文化宫等公共文化机构）	
区级公共文化服务（西城区图书馆、海淀区博物馆、海淀区文化馆等公共文化机构）	
基层公共文化服务［区级以下的街道（乡镇）或社区（村）提供的公共文化机构］	

9. 请在各类别的公共文化服务后的空白处填入各选项的相应序号。

类别	您觉得现有的不同类别的公共文化设施存在的主要问题是（　　）。 （1）设施不齐全 （2）部分设施重复配套 （3）设备陈旧破损，长期无人维护 （4）文化场馆或设施少 （5）文化场馆或设施环境卫生不好 （6）文化场馆价格较高 （7）服务态度不好 （8）开放时间不合理 （9）其他＿＿＿＿
国家级公共文化服务（中国国家图书馆、故宫博物院、中国国家博物馆等公共文化机构）	
市级公共文化服务（首都博物馆、首都图书馆、北京市劳动人民文化宫等公共文化机构）	
区级公共文化服务（西城区图书馆、海淀区博物馆、海淀区文化馆等公共文化机构）	
基层公共文化服务［区级以下的街道（乡镇）或社区（村）提供的公共文化机构］	

10. 请在各类别的公共文化服务后的空白处填入各选项的相应序号。

类别	您最希望政府加强哪些类型的公共文化设施建设？（　　） （1）文化中心、文化活动室 （2）公共图书室、电子阅览室、书屋 （3）公共场所阅报栏或电子阅报屏 （4）博物馆、展览馆、美术馆等 （5）影剧院 （6）健身休闲场所及设施 （7）青少年活动中心 （8）老年人活动中心 （9）公共网吧 （10）技能培训室 （11）公共舞厅 （12）公园 （13）文化古迹 （14）其他＿＿＿＿
国家级公共文化服务（中国国家图书馆、故宫博物院、中国国家博物馆等公共文化机构）	

续表

类别	您最希望政府加强哪些类型的公共文化设施建设？（　　） （1）文化中心、文化活动室 （2）公共图书室、电子阅览室、书屋 （3）公共场所阅报栏或电子阅报屏 （4）博物馆、展览馆、美术馆等 （5）影剧院 （6）健身休闲场所及设施 （7）青少年活动中心 （8）老年人活动中心 （9）公共网吧 （10）技能培训室 （11）公共舞厅 （12）公园 （13）文化古迹 （14）其他_____
市级公共文化服务（首都博物馆、首都图书馆、北京市劳动人民文化宫等公共文化机构）	
区级公共文化服务（西城区图书馆、海淀区博物馆、海淀区文化馆等公共文化机构）	
基层公共文化服务〔区级以下的街道（乡镇）或社区（村）提供的公共文化机构〕	

11. 请在各类别的公共文化服务后的空白处填入各选项的相应序号。

类别	您认为北京市现有的不同类别公共文化服务活动存在的主要问题是什么？ （1）文化活动种类少，不丰富 （2）文化服务人才短缺 （3）缺乏文化服务组织 （4）文化服务水平较低、态度不好 （5）文化服务内容吸引力不强，不符合群众需要 （6）相关部门不重视公共文化服务 （7）文化服务宣传问题 （8）群众不积极参与 （9）参与机会少，报不上名 （10）其他_____
国家级公共文化服务（中国国家图书馆、故宫博物院、中国国家博物馆等公共文化机构）	

续表

类别	您认为北京市现有的不同类别公共文化服务活动存在的主要问题是什么？ （1）文化活动种类少，不丰富 （2）文化服务人才短缺 （3）缺乏文化服务组织 （4）文化服务水平较低、态度不好 （5）文化服务内容吸引力不强，不符合群众需要 （6）相关部门不重视公共文化服务 （7）文化服务宣传问题 （8）群众不积极参与 （9）参与机会少，报不上名 （10）其他 _____
市级公共文化服务（首都博物馆、首都图书馆、北京市劳动人民文化宫等公共文化机构）	
区级公共文化服务（西城区图书馆、海淀区博物馆、海淀区文化馆等公共文化机构）	
基层公共文化服务［区级以下的街道（乡镇）或社区（村）提供的公共文化机构］	

12. 请在各类别的公共文化服务后的空白处填入各选项的相应序号。

类别	您最希望政府加强以下哪些类型的公共文化活动项目？ （1）公益演出 （2）公益电影放映 （3）文化辅导培训、讲座 （4）文化交流活动（阅读、影视节目展播等） （5）技能知识培训活动 （6）组织文艺演出 （7）文艺骨干培训 （8）群众歌舞活动 （9）棋牌室 （10）阅读空间 （11）节日民俗等弘扬传统文化活动 （12）其他 _____
国家级公共文化服务（如中国国家图书馆、故宫博物院、中国国家博物馆等公共文化机构）	

续表

类别	您最希望政府加强以下哪些类型的公共文化活动项目？ （1）公益演出 （2）公益电影放映 （3）文化辅导培训、讲座 （4）文化交流活动（阅读、影视节目展播等） （5）技能知识培训活动 （6）组织文艺演出 （7）文艺骨干培训 （8）群众歌舞活动 （9）棋牌室 （10）阅读空间 （11）节日民俗等弘扬传统文化活动 （12）其他 _____
市级公共文化服务（如首都博物馆、首都图书馆、北京市劳动人民文化宫等公共文化机构）	
区级公共文化服务（如西城区图书馆、海淀区博物馆、海淀区文化馆等公共文化机构）	
基层公共文化服务［区级以下的街道（乡镇）或社区（村）提供的公共文化机构］	

13. 您所在街道（乡镇）或社区（村）提供的综合文化服务中心、文体广场、公园、健身路径等公共设施步行15分钟是否可到达？（　　）

　　A. 是　　　B. 否

14. 您是否愿意参加街道（乡镇）或社区（村）组织的公共文化活动？（　　）

　　（1）愿意　　　（2）不愿意　　　（3）看情况

15. 您愿意花钱消费以下哪些类型的公共文化产品？（　　）

　　（1）技能培训类　　　　　（2）亲子类

　　（3）图书类　　　　　　　（4）文化辅导培训类

　　（5）文艺演出类　　　　　（6）民间文化活动

　　（7）其他 _____

16. 您认为能满足您对公共文化服务需求的主要途径有哪些？（　　）

　　（1）提高收入　　　　　　（2）多建文化场所

（3）多提供休闲健身场所或设施　（4）降低公共文化产品价格
（5）增加公共文化产品种类
（6）增加了解公共文化活动咨询的渠道
（7）组织方的能力、知名度等　（8）提供文化活动的质量
（9）丰富文化活动的内容　　　（10）资助民间文艺组织
（11）其他_____

17. 请在各类别的公共文化服务后的空白处填入各选项的相应序号。

类别	您认为影响您参与不同类别公共文化服务活动的最大障碍是什么？ （1）没有时间参与 （2）缺乏了解公共文化活动的相关渠道 （3）内容不吸引人，没有意思 （4）自己水平有限，参与不了 （5）距离太远，不方便 （6）参与机会少，报不上名 （7）不知道公共文化服务 （8）其他
国家级公共文化服务（如中国国家图书馆、故宫博物院、中国国家博物馆等公共文化机构）	
市级公共文化服务（如首都博物馆、首都图书馆、北京市劳动人民文化宫等公共文化机构）	
区级公共文化服务（如西城区图书馆、海淀区博物馆、海淀区文化馆等公共文化机构）	
基层公共文化服务［区级以下的街道（乡镇）或社区（村）提供的公共文化机构］	

18. 当地政府准备提供公共文化产品服务时，是否会征求您的意见？
（1）一般会　　（2）有时会　　（3）从来不会　　（4）不清楚

19. 您是否就公共文化产品服务向当地政府提过意见或建议？
（1）提过　（2）没有提过→ 20. 主要是因为
①不知道给谁提
②不知道提什么（不知道应该提供什么样的公共文化服务）
③提了政府也不理睬

20. 请在各类别的公共文化服务后的空白处填入各选项的相应序号。

类别	政府在考核不同类别的公共文化服务效果时，是否会征求您的意见？ （1）一般会 （2）有时会 （3）从来不会 （4）不清楚
国家级公共文化服务（中国国家图书馆、故宫博物院、中国国家博物馆等公共文化机构）	
市级公共文化服务（首都博物馆、首都图书馆、北京市劳动人民文化宫等公共文化机构）	
区级公共文化服务（西城区图书馆、海淀区博物馆、海淀区文化馆等公共文化机构）	
基层公共文化服务［区级以下的街道（乡镇）或社区（村）提供的公共文化机构］	

21. 您认为居民的公共文化参与主要表现在哪些方面？

（1）居民向政府表达公共文化需求

（2）居民对公共文化服务进行民主监督

（3）居民对公共文化效果进行评价　（4）群众自办文化

（5）民间组织参与公共文化服务　　（6）其他 _____

22. 您对目前公共文化服务的信息化或数字化水平（场馆数字化、图书自动借阅机、手机公众号及各类 App 等等）的满意程度如何？（　　）

（1）非常不满意　（2）不太满意　（3）一般

（4）比较满意　（5）非常满意

23. 您对目前北京市公共文化设施和服务的总体满意情况为（　　）

（1）非常不满意　（2）不太满意　（3）一般

（4）比较满意　（5）非常满意